YISHU JIA DEGUSHI

艺术家的故事

韩玉◎编著

YISHUJIA
DEGUSHI

蓝天出版社
Blue Sky Press

图书在版编目(CIP)数据

艺术家的故事／韩玉编著. —2 版. —北京:蓝天出版社,
2010.8 (2012 年 5 月重印)

ISBN 978 - 7 - 5094 - 0442 - 3

Ⅰ.①艺… Ⅱ.①韩… Ⅲ.①故事 - 作品集 - 中国 - 当代
Ⅳ.①I247.8

中国版本图书馆 CIP 数据核字(2010)第 148679 号

责任编辑:薛虹
封面设计:古彩艺术设计工作室
插图绘制:文鲁工作室

出版发行:蓝天出版社
社　　址:北京市复兴路 14 号
邮　　编:100843
电　　话:66983715
经　　销:全国新华书店
印　　刷:北京市业和印务有限公司
开　　本:16 开(680mm×960mm)
字　　数:188 千字
印　　张:14
印　　数:5000 —10000 册
版　　次:2011 年 1 月第 2 版
印　　次:2012 年 5 月第 5 次印刷
定　　价:28.00 元

前　言

人生如虹,世事似锦。

虹的出现,需要符合光学原理,属于自然现象;锦的存在,则既有自然状态下的七色华丽,也有人文精神的光芒普照。二者虚实同根,交相辉映。

人才的成长需要内因和外因的共同作用,犹如彩虹的形成,只有具备了在空中积聚起小水珠的条件,才能经日光照射发生折射和反射作用而拱起那绚丽的英姿;世事是由人类的活动构成的。自人类存在以来,不分种族肤色,世世代代都以勤劳的智慧、英勇无畏的本色,推动着人类的生存和发展,不断创造着物质世界和精神世界,并由此构筑了人类五彩缤纷的文化广宇。

在人类曲折漫长的历史进程中,涌现出了无数的政治家、科学家、军事家、文学家、艺术家、企业家等等耀目如虹的群体。正是因为有了他们的杰出作为和不朽的贡献,人类社会才异彩纷呈、锦绣绵延。

翻开人类的历史,战争与和平交替而进,科学成就和人文精神不断生发与共享。一代又一代后人,无不吸吮着前辈的智慧而获得更高的生存本领,并在传承创新中推动着历史的车轮向前发展。

追根溯源，人类的发展壮大须臾离不开学习和创造。无论是学习理论还是学习实践，都离不开前人的智慧结晶，离不开前人为后人留下的人生足迹。从励志的角度上讲，前人所获得的任何一项成就的过程，其本身就是一部精工毕至的教科书，对于立志成为对人类有所贡献的人们来讲，那是取之不尽用之不竭的智慧源泉。

部队是人才成长的摇篮。年轻的基层官兵是国家人才库的强大后备力量。为了帮助基层官兵扩大阅读范围，并在阅读中不断增进学习兴趣，为人才成长助一臂之力，我们编辑出版了这本汇集了古今中外各方杰出人才的故事书。希望大家在阅读中心有所悟、学会所得、用有所成。

最后，特别提醒读者朋友，书中所用插图大部分与书中文字内容并无关联，目的只是为了调节大家的阅读情绪，在此特作说明。

编者

2011 年 1 月

目　录

第三章

"印象派画的始祖"莫奈

第四章

全能天才达·芬奇

第五章

咏唱生命之歌的柴可夫斯基

第六章

与命运抗争的强者贝多芬

第七章

音乐使者莫扎特

第一章

"喜剧巨星"卓别林

◉ 艰难的童年

查尔斯·宾塞·卓别林,于 1889 年 4 月 16 日晚上 8 点,出生于英国伦敦的沃尔沃斯区的东街。

当时他的母亲是杂剧场的喜剧演员,身材娇小玲珑,面孔白皙,淡紫色的眼睛配一头淡棕色的长发。在小卓别林的心目中,她是位美丽的天仙。

母亲每次演出之前总是怜爱地为他和哥哥雪尼披好被窝,然后嘱托给女仆。每到星期日,他和哥哥总是被母亲打扮得漂漂亮亮,在公园的阳光下嬉戏,在肯宁顿路上漫步,在公共特桥路上看那脸色红润的卖球人……他的心灵便在这一点一滴的生活琐事的浸润中萌发。

他的父亲也是一位喜剧演员。父亲为人非常沉静,喜欢沉思,有一双乌黑的眼睛和一副洪亮的好嗓子。他是一位优秀的艺人,每周能挣四十英镑的高薪,所以在那个年代里,他们的生活是富有而幸福的。

然而日子并不总是那么平静,由于他的父亲嗜酒如命,终于使他的母亲下决心与父亲离婚,母亲独自抚养小卓别林和哥哥雪尼。那时他的母亲也是一位每周能挣25英镑的红角儿。可是,由于嗓子常常失润,而她又坚持唱,有时唱到中间,突然失声,这样引起观众的喧哗,她的心理受到很大打击。于是,她只能到一些下等的戏馆里去演一些节目。一次小卓别林在幕后看他母亲表演,而他母亲的嗓子又哑了,这次偶然的事情,促使小卓别林在他年仅5岁时,第一次登上了舞台。

他唱了一首家喻户晓的《杰克·琼斯》。当他只唱到一半时,钱便像下雨似的落在身边,他便对观众说必须先拾起钱才能继续唱,逗得大家哈哈大笑。而当管事的帮他拾起钱时,他又对观众说怕管事的自己收了去,直到看着管事的把钱交给他母亲才又继续表演。这天晚上他第一次成功地做了次演员,而他母亲却是最后一次。

生活从此便越发艰难,母亲只得靠给人缝缝补补挣些小钱勉强度日。孩子们穿着破烂,常常食不裹腹,生活极度贫困。为了寻找租金低廉的房子，他们频繁地搬家。

虽然生活是那样使小卓别林兄弟俩充满忧郁，但他的母亲常常给他们唱歌、跳舞，有时竟忘了要赶做一周的缝纫活儿。在小卓别林的记忆中，他母亲总是一直盼望嗓子恢复，能重新回到舞台上。她守着那一箱戏衣，时而拿出来并用微弱的嗓子唱她从前自编自演唱红的歌曲、时而神采奕奕地表演一出戏、时而讲些有趣的逸事，并且绘声绘色地边讲边表演。

有一天晚上，卓别林发烧躺在床上，他哥哥雪尼去夜校读书了，他母亲一边读着《新约》，一边深情地表演着书中的故事，说着说着不禁流下了眼泪。虽然此时他们住在阴暗的地下室里，可是小卓别林从他母亲的身上感受到了这个世界上前所未有的温暖。

卓别林的母亲是他真正的表演的启蒙老师。

母亲忘情、激动的表演打动着小卓别林，有时卓别林不解地问他母亲为什么不再演唱，他母亲也只能掩饰地说那太造作，卓别林听了很丧气，而他母亲总是强颜欢笑地安慰他。

由于生活的艰难，母亲患了偏头痛的病，缝纫的活儿也丢了，而他的父亲也不出钱来抚养他们。于是，两个穷困中的孩子被送到汉威尔的贫民习艺

所，这是一所孤儿院，院内条件还不错。

卓别林常常感到苦闷，远离母亲使他痛苦，尤其是后来哥哥被送上培养穷苦孩子当水手的"埃克斯默斯"号实习船后更是如此。

分别一年半后，两个孩子又回到了他们母亲的身边，他们

又重新和母亲在肯宁顿公园后面租了一间小屋。开始还能维持,可后来没有生活来源,又不得不回到另一个贫民习艺所。

不久,母亲的精神病发作,撇下两个孩子住进了疯人医院。

由于他们的母亲突然疯了,法院作出裁决,他们的父亲必须抚养卓别林和雪尼。这对他父亲的新妻子露易丝来讲无疑又增添了额外的负担,并且雪尼是卓别林的母亲在18岁时和一个爵爷在非洲生的孩子,露易丝对雪尼更是刁难,常常恶言相加,所以雪尼总是很晚回家。卓别林则不得不放学后回家照看比他小4岁的同父异母兄弟,还要干许多杂活儿。

父亲常常醉得不省人事,也不管他们兄弟俩的事。这样的日子过了几个星期后,他们的母亲从疯人院中出来了,带走了他们,又在肯宁顿路上租了一间房屋,这样大家又团聚了。

这一时期卓别林的父亲开始按时付每星期10先令的补贴,卓别林的母亲又重新做缝纫。后来有一件事似乎成为卓别林拍电影的主题,悲剧与喜剧的相互混合。

卓别林的家的街尽头有一家屠宰场。一天,一只羊逃跑了,沿街观看的人都乐了,有的人跑去捉它,有的人自己却摔倒了,四周一片笑声,真的非常滑稽。之后,羊被捉回去了,卓别林感到非常悲伤,跑回家哭着对母亲说:"他们要杀死它了!"正是伦敦街头形形色色的事,使卓别林不能理解,但又深深地留在他的记忆里。

卓别林在学校的学习使他的知识面得到很大的扩展。但那时他所学的历史、地理、数学、诗歌,都不能使他特别感兴趣,可能是呆板的教学法不能使他感到有吸引力,于是只能闹得他糊里糊涂。

而母亲在他很小时对他的鼓舞以及传授给他的许多戏剧

知识,都使他感到自己有一种演戏的天赋。虽然圣诞节前夕,学校里上演《灰姑娘》大合唱时没有挑选上他,可他是那么希望演一个丑妹妹,而且那个演灰姑娘的女孩使他感到喜爱和有点忧郁。

不久卓别林终于因为朗颂一段母亲为他抄来的喜剧歌词《普丽茜拉小姐的猫》而吸引了全校的男生、女生。学校从此变得富有吸引力。而此时卓别林从一个默默无闻的小男生,一跃成为老师和同学关注的焦点,学习成绩也提高了,他真正感到了表演的魅力。

◉ 初试成功

也许是父亲在留小卓别林住下的那段时间里发现了他的喜剧才能,于是就说服了杂耍圈里的一位好友杰克逊先生,让卓别林进了他的舞蹈团。开始卓别林是很顺利的,六个星期后就能和大家一起合拍跳了。可是一上台,他很怯场,连腿都不会动了,8 岁的他似乎失去了自信力,但是过了几星期他就战胜了自己,终于能够单独表演舞蹈了。这时他成为真正的兰开夏八童伶班的一员了。这个童伶舞蹈班以清新、自然和红扑扑的笑脸赢得了观众的喜爱。

在以后的两年里,他随团在全国各地巡回演出。卓别林曾在《灰姑娘》哑剧中扮演猫。他看到了法国大名鼎鼎的丑角马塞林是怎样轰动观众的,他穿着邋里邋遢的夜礼服,头上戴一顶歌剧帽,手里拿着钓鱼竿表演钓鱼,他的滑稽动作赢得了伦敦人狂热的喜爱。

卓别林虽然只演了个小猫,但他一会儿跑到狗屁股后嗅几下,一会儿对观众眨巴眼睛,甚至抬起一条腿的样子使大家捧腹了好久。

在不断的演出中卓别林了解认识了许多性格独特的艺人,从他们身上学到了严格训练的精神,富有人情味的表演,严肃认真地对待观众,并激起了他对文学的兴趣。在兰开夏八童伶班上他千方百计想多学些像杂技一类的本事——为了更多地挣钱糊口,可是很多东西看来并不适合他。

这一段时间,他的母亲发现他脸色苍白,身体瘦弱,于是要求他别再跳舞。果然没有几个星期后,卓别林患了气喘病。就这样熬了几个月他的病终于好了。

但是生活依然没有大的改观,他们几乎是在靠乞讨过日子,他的哥哥雪尼14岁便从学校出来当邮差,他的母亲又开始做计件工。不幸的事情又发生了,卓别林的父亲去世了。

此后卓别林劝说他母亲,让他离开学校去找工作。为了母亲和自己的生存,他卖花,当店铺中跑腿的小伙计、给人家当佣人、售书、做吹制玻璃的工人、还有印刷工人,但没干多久,由于患感冒,又被他母亲赶回学校了。他的哥哥找到了在船上当吹号人的差事,但却没有什么音信捎回家。卓别林和虚弱的母亲在一起,由于严重的营养不良,他的母亲又一次疯了。

卓别林感到悲伤万分,他感到无助和孤独,他没有精力去上学了,他只有整日在街上乱逛。一天,他突然收到电报,他的哥哥雪尼要回来了。

卓别林告之母亲精神失常的事。当他们一起去看病重的母亲时,母亲伤心地说:"你们那天下午只要给我一点儿东西,我就不会有那种事情了。"多么悲惨的日子。雪尼不想去航海了,他准备做点生意或者去演戏。

卓别林经过反复思考,决定从事演艺生涯。在雪尼的鼓励下,卓别林去滨河大街的贝德福路布莱克默演员介绍所,看看有没有机会。每次到那儿,总是挤满了人。

有一天,所有等待挑选的人都被打发走了,只剩下了卓别林。有一个职员突然看到他问他来干什么,他怯生生地说:"你们需要扮演孩子的角色吗?"出乎意外,他被领进去登记了姓名、住址及其他详情,并且说如果需要人,会通知他。

一个月后他收到一张明信片,告诉他去滨河大街贝德福路布莱克默演员介绍所。那天他身着新衣看到了和蔼的布莱克默先生,并介绍他去找汉密尔顿先生。汉密尔顿看到卓别林矮小逗人的样子感觉很有趣,让他在《福尔摩斯》一剧中扮演童仆比利。这是一个为期40天的巡回演出,在这之前先演一出新戏叫《吉姆:一个伦敦人的传奇》。这出戏先要在金斯顿戏院试演,卓别林的报酬是每周2英镑10先令,这对他来说简直是发财了。汉密尔顿先生叫大家来看小比利,大伙儿都乐了,喜滋滋地看着他。他突然感到这个世界有所不同了。

当卓别林刚拿到剧本时,心中充满憧憬和向往,他懂得这是他有生以来最重要的文件。当他的哥哥听到这一消息时眼睛湿润了。《吉姆》的演出并不十分成功,但卓别林扮演的叫桑米的报童却为此剧赢得了一些赞扬。

之后,便是排演《福尔摩斯》,然后进行了6个月的巡回演出。他常常收到哥哥雪尼的信,使他很感动。由于母亲病了,这两兄弟只能相依为命,也就是从这时,卓别林深深感到了哥哥对他的爱,从此他们一直是这样,一生不变。

《福尔摩斯》的演出是成功的,刚演完第一轮,就又要准备第二轮演出了。雪尼一直也想当演员,但未能如愿,只能暂时做个侍者。卓别林的演出使他们在经济上有所改观。于是,他们在肯宁顿路上租了一套更像样的房子。在第二轮演出时,雪尼也搭上戏班演个小配角。于是兄弟二人整日形影不离了。

当他们演出快结束时接到凯恩希尔疯人院的信,说他们的母亲恢复了健康。

他们为母亲租了漂亮的公寓,并在她的卧室里摆上鲜花。但是他们看到母亲有些发胖,人也显得苍老,但大家依然分享着相聚的快乐,只是再也无法达到从前那样亲密的关系了。

母亲依然是勤俭的,善良的,她为了省钱,不再和两个儿子巡回演出了,于是在伦敦的切斯特街租了房子。

当卓别林19岁时,他在卡诺剧团已经是一个很红的喜剧演员了,他已熟悉了周围的一切,人们都在忙碌中寻找生活,他自己也看不出有什么太大的前途,他又开始烦闷了,而且还被情所困。

就在这个时刻,卓别林爱上了伦敦伯特·科特扬基歌舞团演员海蒂·凯莉。当时海蒂还只有 15 岁。但是他们的关系没有持续多久，原因是海蒂的母亲认为她年纪太小，而且对她抱有更大的希望，于是就匆匆地扼杀了这段恋情。卓别林痛苦极了。

◉ 征服美国

后来的经历使卓别林摆脱了失恋的痛苦。1910 年秋，卓别林作为主角被选随卡尔诺剧团去美国巡回演出。卓别林乘坐的船是取道加拿大去美国的，这是一条载牲口的船，虽然这次载的是人，但依然是肮脏不堪的。在迷雾中航行了许多天，经过了纽芬兰、魁北克，来到了多伦多。虽然一路上很辛苦，但在卓别林满怀希望的时候，这一切并没有什么。在多伦多换火车后，终于在一个星期日的早晨到达了纽约。

刚到纽约，一切乱糟糟的样子使卓别林有点扫兴，这儿就是那充满冒险刺激的地方，这也是令人茫然和恐惧的地方。

摩天大楼、咖啡屋、饭店似乎都那样高傲和没人情味，甚至那间租来的小屋也是龌龊的。他的英语总是慢慢的，和那些饭店侍者放机关枪似的说话方式总是不协调，人们干什么事情都那样干净利落，这显然不同于在英国他所感受到的一切。也许这是一个初来陌生者必有的感觉。但是寂寞总是会在慢慢地，随着对周围的熟悉而逐渐化解和消失的。这一切似乎就发生在那一天。他的心里慢慢地开始变得喜欢美国的一切了。

那是在一个温暖的秋夜，卓别林独自在百老汇大街上走着，他终于感到了摩天大楼的勇气，感到了绚丽多彩的灯光的诱人，感到了醒目广告的斗志，是啊，这是他需要的地方，这是他冒险的乐园。

再看看这百老汇街上的人们，似乎人人都是演员，有演杂技的，有演马戏的，有表演各种游艺的。每个人谈论的话题也都是戏的话题，似乎大家都是剧院老板。更逗人的是一个像农村妇女似的老太太在说刚去西部一天演三场的潘塔吉将来一定是个挂头牌的角儿。

再看看每天的报纸，整版都在报道舞台的新闻，内容介绍、观众反应，甚至已将剧目列成了排行榜似的样子，排成一二三，来表示受欢迎的程度。卓别林他们的戏虽然还没有上演，但他也盼望自己的戏在报纸排行上会有一个好名次。

整个剧团定了6个星期的巡回演出。现在大家都投入了所有的精力排练，卡尔诺在美国的名气还是很大的。所以报纸上把他们排在一流的戏码上。虽然卓别林感觉到这出戏的确不十分吸引人，但是他尽力想把它演好，他也希望一炮打响，获得成功。

终于到了正式演出的那个晚上，卓别林很紧张，望着幕后的美国演员，他感到局促不安，他走到舞台上，说了一句在英国人人都捧腹大笑的话，但是观众中只有轻微的反应。之后便是死一般的沉寂，戏还没演完，可是观众已经走光了。这出戏被美国观众无情地枪毙了，以后每一场演出，观众和演员一样，都是丧气的，演员感到了冷遇，感到了观众的漠然。虽然他们整个剧是失败了，但是观众和评论家对卓别林依然给予了公正的评价，并表达了他们的喜爱。

这时整个剧团已做好了演满6个星期就回英国的准备，而就在演到第三个星期时，那些当管家和仆人的英国人鼓励了他们，几乎是从一开始到结束，整个剧院中充满了笑声，剧团的人们激动了，那种准备受冷落的心情霎时变成了激动，而且越演越轻松,所以发挥得都很自在,这一天,他们成功了。恰在这些观众中,有一位戏院经纪人,他邀请剧团去西部演出。在西部的演出虽然不是一炮打响,但也还能过得去。

卓别林所在的卡尔诺剧团在当时之所以成功,是因为他们熟练地应用了一些小道具,并且经过长期的演出已经琢磨出一套喜剧的噱头使人眼花缭乱。另外卓别林的表演为剧团增色不少,他富于变化的面部表情和动作,情绪上的起伏变化,以及他镇定沉着的表演总与夸张的笨拙和迟钝结合在一起。

卡尔诺剧团的剧目大都来源于日常生活,而英国人的幽默和诙谐是有历史传统的,卡尔诺剧团多年来的创作已经将这些精髓吸收到自己的剧目当中,如《在伦敦的底层》、《偷香肠的人》、《台球选手》、《拳击的教训》等。

由于他们在纽约 6 个星期的演出极为成功,于是又被邀请做 20 个星期的巡回演出,在第二轮演出结束返回英国。

当卓别林回到伦敦时,雪尼来接他并告诉他自己结婚了,离开了原来和他同住的寓所。卓别林感到有无家可归的味道。1912 年 10 月,卓别林有幸再度赴美,翌年在费城演出。

在费城,一家刚在洛杉矶注册的基斯顿公司提出要与他签约,这是一家电影制片公司,查尔斯·凯塞尔是基斯顿滑稽影片公司的股东之一,他听麦克·孙纳特先生讲曾在美国一个音乐厅看到过卓别林扮演的酒鬼,孙纳特先生想请卓别林替代福特·斯特林先生拍电影。

当时卓别林对基斯顿影片公司的滑稽片没有什么特别的好感,只是知道一位叫玛蓓尔·瑙尔芒的大眼睛姑娘穿插在戏中,才使这些片子有些可爱,况且当时他也只打算干一年就再去演轻歌舞剧,所以也没抱什么太大希望。只是觉得新奇、有趣,再说工资比以前高一倍以上,这也很有吸引力,终于卓别林和公司签订了一年的合同。

后来当卡尔诺剧团在洛杉矶成功上演《俱乐部之夜》时,孙纳特先生也去看那出戏,演出结束时孙纳特先生高兴地向卓别林祝贺。短暂的会晤使彼此有了初步的印象,卓别林将要告别卡尔诺剧团的伙伴们,独自在美国打天下了。

卓别林在那里拍的第一部片子叫《谋生》,是由亨利·莱尔曼执导,属于极为细腻的片子。但卓别林对这位导演的才干不大欣赏。他认为拍片速度过快影响了影片的细腻程度,许多精彩的镜头在剪辑时被删,这使卓别林很伤心。

当然机会总是会有的,1914年1月的某一天,孙纳特先生要卓别林扮一个小丑。卓别林去化妆室化妆,他的脑子飞快地转着,突然一个想法跳了出来,这时出现在大家眼前的是这样一位小丑:肥大的裤子,紧身的上衣,太小的帽子,过大的皮鞋,再加上一根竹制手杖和一撮小胡子。

一穿上这套衣服,卓别林感觉到一切笑料都如泉涌般进入脑子。他来到孙纳特先生的场景,开始表演了,他大摇大摆地踱着步子,一面挥着手杖。

孙纳特先生看到这时卓别林的表演，止不住笑了，这使卓别林大受鼓舞。事实上孙纳特对卓别林的成功起了很大的作用，他的热情感动着卓别林，他对卓别林所扮演的小丑是有深入了解的。

于是孙纳特先生就叫卓别林上场拍片，当时卓别林只简单了解剧情，知道是有关玛蓓尔·瑙尔芒和她丈夫及情人之间的纠纷，他认为自己应该扮演一个骗子，想冒充客人找个安身之处。当卓别林走进休息室时，绊倒在一位太太脚下，他拿起礼帽向太太表示歉意，之后，他又被痰盂绊倒，于是他又拿起礼帽向痰盂表示歉意，逗得人们哄堂大笑。

这笑声吸引了别的场景的人，大家围在卓别林表演的场景外津津有味地看着，笑着，这一切使卓别林受到了极大的鼓舞，他看在眼里，喜在心头。

卓别林自己也没想到，这身流浪汉的打扮给了他许多灵感，他感觉到世界上就有这样一个人存在，他的一切动作似乎都是满不在乎地做出来的。

在此期间，卓别林又和莱尔曼导演拍了第二部片子《威尼斯儿童赛车记》，导演的主导思想是一刻不停地活动，他认为卓别林的幽默在戏院是管用，可是在拍电影时就没用了，于是整个片子拍下来，两个人的矛盾越来越明显，拍出来的片子被剪辑得面目全非。所以从一来到好莱坞，卓别林就受到了许多压力和挫折，但他仍执著地工作着，他不管别人怎样看待他，只是全心全意地创造着每个人物形象，而且幸运的是孙纳特先生也在支持着他。

当然，事情也不是完全那么风平浪静。因为卓别林在拍片中，总是以自己的想法为重，因此其他的导演都认为他不听从导演的指挥。这些闲言碎语不免传进了孙纳特先生的耳朵里。所以有时孙纳特先生提醒卓别林希望他能和导演合作，卓别林尽力解释，他完全出于对影片的关心，他出于拍好片子才这样做的。

在这期间，卓别林以及福特·斯特林都一起拍片，开始观众依然对斯特林的出场报以笑声。在影片《玛蓓尔奇遇记》放映时，情况便发生了一些变化，当观众们看到片中卓别林在休息室的那些表演，笑声出来了，接着是大笑，这给了卓别林很大的信心，所以他便坚决地在拍片中执行自己的思路和想法。必然，这种坚持终于将事情搞坏了。原因是卓别林在拍片时与美丽的、受孙纳特先生及大家宠爱的玛蓓尔·瑙尔芒产生了矛盾。

事情是这样的，正当卓别林感到自己技艺及对电影熟悉情况差不多时，想自编自导，可孙纳特先生让他听从年轻的玛蓓尔·瑙尔芒小姐指挥，这倒也罢，拍片时，卓别林想出一些笑料，给瑙尔芒建议，可她就是不听，并且还说没时间。卓别林气极了，便直言瑙尔芒小姐没有资格来指导他，这样中途回到制片厂，瑙尔芒小姐和其他人将这一切汇报给孙纳特先生。孙纳特找卓别林，也说应该听导演瑙尔芒小姐的，这时卓别林坚决地说自己唯一的目的就是拍一部好片子，如果孙纳特先生想解雇他就解雇吧。

这个意想不到的冲突使一向很和蔼的孙纳特先生气得要命。就在这种情况下，卓别林依然认真地工作，并且常常去看影片的剪辑工作是怎样进行的。他发现片头和片尾被剪去的可能性很小，于是他尽力在这些地方表演出一些俏头，来更多地保存住自己的表演。这时卓别林已拍了《在阵雨之间》和《电影中的琼尼》，卓别林明白和孙纳特先生的吵架是件比较严重的事，他不愿被解约，可是谁又有回天之力呢？卓别林几乎没戏了，孙纳特先生为此生了很大的气。

但没过多久，孙纳特先生和玛蓓尔·瑙尔芒小姐对卓别林的态度就有所改变，他们都主动找卓别林商量该如何拍一些东西。

卓别林很纳闷，原因终于搞清了，就在孙纳特准备在这星期满以后就解雇他的时候，突然接到基斯顿影片发行公司的电报，要求多拍一些卓别林的片子，因为一般滑稽片平均20个拷贝就足矣，可是卓别林的第四部片子《在阵雨之间》已经印到45个拷贝，但要求增印的订单还源源不断。这就是孙纳特先生态度改变的真正原因。

当卓别林拍到第五部影片时，他就要求自编自导，因为他明白当时导演的技巧很少而且极易掌握。此外，卓别林对一些镜头的拍摄有自己的想法，他注意到了摄影机的位置，它是一种表现情节和风格的工具，并且也同样能表现出感情的变化及所要强调或削弱的东西。

当然这一切都是靠卓别林自己争来的。一次他对孙纳特先生说，如果让他自己导演，就不再有那些矛盾了。

孙纳特先生说如果片子拍出来，不能上映，那么这些费用谁来付，卓别林坚决地说"由我来付"。于是孙纳特屈服了，答应另外安排卓别林拍东西。

在基斯顿卓别林投入的工作方式，成熟的拍片技巧，以及哑剧给他的丰富的表演来源，为他赢得了更多的观众。现在每当观众看到他出场就开始笑，随着影片的进程，观众开怀大笑的样子使卓别林心满意足。这样他在制片厂拍片的工作逐渐顺利起来，几乎所有的人都喜欢卓别林，并和他积极配合。有这样的情况，与孙纳特先生的理解与支持分不开，从一开始卓别林就是按照孙纳特先生所说的那样来充分发挥自己的想象力。

卓别林拍片的速度比起当今来是快得惊人，常常一个星期就能拍一部片子，最长也不超过三个星期，有一次竟然只用了一个下午，就拍好了一部叫做《二十分钟的爱情》的影片。片子在放映时，观众笑声不绝，像这样卖座很好的片子还有《面包和炸药》、《牙医生》、《舞台工作人员》等。卓别林成功了，并且为基斯顿在头一年就赚了13万多美元。

卓别林对基斯顿的贡献是显而易见的，但是同样也招来了一些人的嫉妒，别人说他只不过是靠一些新鲜玩意儿吸引人罢了，而这些东西多了也就不吸引人了。同时孙纳特先生也是一位天才的星探，他发现并培养了除卓别林之外的，如福特·斯特林、玛蓓尔·瑙尔芒等五六十位明星，这些人都是卓别林的竞争对手。

另外孙纳特先生本人也是一位卓越的导演，他利用最先进的技术设备，充分发挥摄影机的拍摄技巧，并都应用到喜剧

艺术当中,产生了奇特的艺术效果使观众得到最大的满足。

孙纳特先生在整个制片厂是占主导地位的。而真正卖座的片子是卓别林的。当卓别林向孙纳特先生要求再续合同周薪应加到1000美元时,孙纳特先生吃了一惊,因为孙纳特先生自己也没拿过这么高的薪金。

孙纳特先生、玛蓓尔·瑙尔芒和卓别林每天基本上在一起,有时一起吃饭,娱乐。有时孙纳特先生累了,睡着了,他俩便出去喝咖啡,然后回来叫醒孙纳特先生。

有一次玛蓓尔和卓别林等在旧金山一家戏院里义务演出,演出很成功,出发时,玛蓓尔小姐把衣服忘在化妆室里,卓别林陪她一起去取,当时屋子里只有他们俩人,卓别林把披肩搭在玛蓓尔小姐身上,卓别林吻了她,而她也吻了卓别林,如果不是大家在等他们,谁知会怎样。这事卓别林曾试图继续下去,但玛蓓尔小姐拒绝了。他们一直保持着很好的友谊。

可是事情总不是那样平静,大概孙纳特为此也和卓别林有过钩心斗角的事情。当然玛蓓尔小姐对孙纳特先生是情有独钟的。此外许多女明星,当她们看到时值25岁的风华正茂的卓别林,无不迷恋。

同样这些新闻也招来很多人的嫉妒。

卓别林的生活水平已属于上层社会人的生活了,他又把哥哥雪尼招来拍电影,因为如今卓别林这个姓是很值钱的,而且雪尼拍的电影《潜艇海盗》在世界各地也是卖座极佳的。这时卓别林在基斯顿已经拍了 35 部影片,他未来合同的事还没有着落,他想和雪尼一起来办个电影公司。但是雪尼比较保守,感到能拿到如今这样多的薪水已是很满足了,所以不愿自己重新办公司。

◉ 埃山奈和互助公司的成熟

1914 年 12 日,卓别林与基斯顿公司的合同期满。孙纳特和基斯顿公司的母公司纽约电影公司的头头们对卓别林的价值心知肚明,但是不愿意支付他提出的每星期 1000 美元的酬金。就在这个时候,在芝加哥和加利福尼亚的奈尔斯制片厂的埃山奈影片公司为他开出每星期工资 1250 美元的天价。离开基斯顿的卓别林在演技上已是日益成熟,他逐渐认识到幽默的生活基础是多么重要。

在互助影片公司拍片的日子是卓别林一生中最愉快的日子,当时他正年轻,才思敏捷,身体健康,心情放松而无忧无虑。除了一次在拍《安乐街》,不慎被灯罩砸了鼻子,缝了两针外,没有什么意外的事。况且他对电影的拍摄、剪辑、发行都已非常精通,工作起来就得心应手,所有的人友好相处,十分乐意与他合作。卓别林的财富迅速聚集起来,他已拥有 50 万美元了,他清楚地记着这个数目。这时他的合同也快期满了,雪尼已经将这一切谈好了,卓别林将替第一国家影片公司拍 8 部两大本的笑片,报酬是 120 万美元。

◉ 第一国家公司的成功

1918 年 3 月,卓别林开始为第一国家影片公司工作,由于当时还没有一个合适的摄影厂,于是卓别林决定在好莱坞买地建厂,摄影厂的设计是第一流的,卓别林非常高兴能有这个设备齐全,包括冲洗间、剪接室和办公室的新厂。卓别林在这里拍摄的第一部影片是《狗的生涯》。他用象征的手法,把流浪汉的日常生活与被人抛弃的杂种狗类比,取得了很好的喜剧效果。卓别林在这些年的拍片过程中,正是第一次世界大战爆发的时候。

美国已经两次发动自由公债募购运动。在第三次自由公债募购中,卓别林、他的朋友玛丽和道格拉斯·范朋克都被邀请参加了这次活动。

卓别林准备将自己的影片《狗的生涯》在募购活动中放映,道格拉斯建议他们在沿途的车站上作演讲,一路上他们感受到了群众的热情,在火车站的演讲也使卓别林这个在荧幕上从未开过口的滑稽人物开口了。然后道格拉斯和玛丽到北方几个州去推销公债。卓别林约他的朋友去南方几个州。回到洛杉矶,卓别林拍了《公债》一片。这也许是真实体验的写照吧!这之后卓别林拍了《查利从军记》,这是在战争打得激烈的时候拍的。卓别林塑造了一个非常受士兵欢迎的形象。当他刚刚从军的时候,不免像其他新兵一样在操练中犯错误。射击命不中,他也和常人一样心怀思乡的忧愁,和自己的同伴一起分享快乐,分担忧愁。

卓别林尽管成绩斐然,但他自从来到好莱坞后还是第一次感到才思贫乏。究其原因,毫无疑问,是他在个人生活中遇到了一些麻烦。1918 年初,他结识了一位年仅 19 岁的演员米尔德里德·哈里斯。也许是她的某些方面使他想起了初恋情人海蒂。卓别林在 9 月份就与她结婚了。然而他们的婚姻并不幸福,原以为有了孩子能挽救这对夫妇,然而米尔德里德1919年6月7日生的孩子3天后就夭折了。1920年11月,他们宣布离婚,一时舆论哗然。

　　为了排遣一下自己的不快和愤怒,卓别林就去奥尔菲姆戏院调剂一下自己的精神。因为米尔德里德在婚后第二天就与米高梅公司签订了一年拍6部戏的恼火的合同,卓别林本想在婚后好好开始生活,认为有了婚姻就应该有爱,但是米尔德里德,这个19岁的姑娘似乎只把这当作一次历险记。

　　一天他在戏院看到一支舞蹈,有一个4岁的小孩跑上台,跳了一些舞步,卓别林很感兴趣,这个名叫贾克·柯根的孩子十分逗人喜爱。

　　卓别林被这位小演员身上的魅力吸引住了,于是另一部充满人情味的《寻子遇仙记》诞生了。

　　《寻子遇仙记》一开始打出的字幕是"一张笑脸中也许含着泪的影片"。在这部影片中,一个流浪汉领养了一个被单身母亲遗弃的儿童,他们的关系引出了许多令人发笑的情节,同时卓别林把自己对童年的回忆搬上了银幕,令人伤感。

1921 年,他开始想另一个主题了。他来到道具室寻找自己的灵感,一套高尔夫球棒"击中"了他神经的聚集点。他的思潮奔流而下,于是《有闲阶级》诞生了。影片拍好后,卓别林感到非常疲劳,还剩下 3 部片子的合同,他似乎无法进行下去了,他决定回英国度假。度假回来后,他完成了给第一国家影片公司的合同,拍了《发工资的日子》和《朝圣者》,尽管这两部片子拍得很慢,但好歹还是完成了,于是他关闭了制片厂,回英国休假了。

◉ 事业的鼎盛

1928 年,《马戏团》诞生了。这部片子是卓别林对以往生活的回忆,它与过去马戏团里的丑角有许多共同之处。

一天,卓别林正在拍《马戏团》中的一出戏,突然接到消息说他的母亲病了。以前卓别林母亲身体就十分不好,由于年轻时受累、挨饿、婚姻生活也不那么如意,所以精神上欠佳,再加上她曾患过胆囊炎,虽然后来好了,但这次犯病就显得那样严重。

卓别林把母亲送到格伦代尔医院,由于她心脏很衰弱,医生无法给她动手术,所以她常常喊疼,卓别林守在母亲身旁,双手握住母亲的手,安慰她。

卓别林看着这个瘦小的身躯,想到她曾是那样勇敢而愉快地肩负起家庭的重担。她悉心教育着雪尼和卓别林,不让他们沾染上任何市井的恶习,她的性格又是那样善良、直率,充满同情心。特别是她以自己的热情和才华给卓别林以最好的表演的启蒙教育。她是卓别林成功的不可缺少的因素之一。她历经坎坷的人生道路,饱尝了悲惨凄凉的生活,又经受了精神疾病的多次折磨,最后才过了几年幸福的晚年生活,但遗憾的是这段时间太短暂,她没有能尽情地享受这一切时,就突然地离开了人世。

卓别林痛苦极了,他望着母亲带着烦恼表情的面孔猜想母亲又在担心会受什么苦难吧,可能是她依然为自己的孩子们担忧吧! 卓别林不肯看到母亲被火化。所以最后卓别林把母亲葬在好莱坞的公墓中。

当《马戏团》拍完后,卓别林心中充满惆怅,因为母亲的去世,也因为那些报刊对他的攻击,他也曾一度中止工作数月。但是《马戏团》的成功给他带来了足够的资金以投入下一部影片的拍摄。这就是影片《城市之光》。

在拍《城市之光》时,有声电影已经诞生了,所以很多朋友见到卓别林都建议他,或者说都在等待他拍一部有声影片。这使卓别林受到些影响,但他知道他在拍无声电影方面是首屈一指的,所以他还是坚信自己能拍好一部无声影片,他也相信不同形式的影片应该同时存在。为了要拍好这部片子,卓别林在思想中酝酿了很久。

《城市之光》讲的是一个流浪汉夏洛特在一个大城市里流浪,结识了一位盲人卖花姑娘,他俩成了患难同伴。一天,夏洛特得知,如果去维也纳接受手术,姑娘的双目就能复明。为了筹措必要的款项,夏洛特先后当过清道夫、拳击师等。

这时,他救了一位酗酒后自杀的百万富翁。富翁一时慷慨,给了夏洛特一笔钱。他随即把钱交给了他的盲人女友。但是富翁酒醒后已经忘记了自己的行为,控告夏洛特入室行窃,致使夏洛特锒铛入牢。

姑娘双目复明后开了一家花店。她想着那位她从未见过,但想必是十分富有、极具魅力的恩人。夏洛特恢复自由后比过去更加潦倒。他站在花店外,出神地看着店铺的陈设。就在她朝他走来时,他差不多想逃了。在递给他一枝花和一枚硬币时,她触摸了他的手,认出了他。他们对视了许久,影片上出现了他们的对话。"是您?"她问到。他做了肯定的动作说:"您现在能看见了?"

1931年2月,在洛杉矶和纽约初战告捷后,卓别林启程前往伦敦推出《城市之光》。

于是他和朋友拉尔夫·巴顿一起登上了上次回英国乘的那条"奥林匹克"号船。

卓别林回到英国总是忙着赴宴,他见到了拉姆齐·麦克唐纳首相,还有温斯顿·丘吉尔。

《城市之光》在英国初映时,肖伯纳、丘吉尔都去观看了。丘吉尔还在晚宴中盛赞卓别林,说他以前住在河对面,后来赢得了全世界的喜爱。卓别林听后非常感动。这部片子在英国同样受到了欢迎。

来到欧洲的游行,消解了卓别林的一些愁闷,虽然他的《城市之光》卖得很好,但是世界是在发展的,有声片的挑战是明显的,有声片的声音技术也不像刚开始那样粗糙难忍。

音响效果的水平在三年来的发展已使有声电影具备了足够的挑战力,电影正在经历一场革命。卓别林的确受到了这种冲击,他明白,声音能够使人物更加完善,能够更自由地表达思想,但是卓别林一时很难说服自己去拍一部有声片。也许这是他在欧洲游玩,消磨时间的原因吧!后来他去了日本。

经过 10 个多月的旅行生活,卓别林思想上的负担依然没有解决,一是无声电影该怎样走的问题,二是他的生活中寂寞、茫然的问题。

去欧洲虽然有些间断的钟情,但始终没有能找到他要找的人,他希望这个人能使他的生活方向有所改变,但是希望总是落空。《城市之光》已净挣 300 万美元,他也不断收到些钱。此外仍然有些朋友想着他,这令失望中的他感到很兴奋。

闲荡的日子终于在一个周末发生了变化,卓别林的朋友乔·申克约他去游艇上度周末,而船上自然有年轻人,特别是美丽的姑娘。卓别林找到了一位令他愉快的姑娘,她的名字叫宝莲·高黛。也许因为两个人都感到寂寞,于是寂寞把两人连在了一起。

平时两个人都有工作,周末便一起郊游、漫步,他们最感兴趣的是去圣佩德罗港口看游艇。宝莲·高黛建议卓别林也买一条船,那样他们周日就可以到附近的岛屿游玩了,后来卓别林果真买了一条船,使宝莲兴奋不已。

一次两人一起去看赛马,宝莲经人邀请给骑师发奖,她上台讲话的声音不同往常,卓别林高兴的是她模仿交际花的声音非常像,所以从那开始,卓别林相信宝莲一定能演好戏。

这种想法激发了卓别林,他的思路又豁然开朗了,他越看宝莲越感到她就像是街头上的流浪女郎。而流浪汉又邂逅女郎,故事便会不断展开。

后来卓别林又受到一个记者的一篇关于工厂里传送带的生动描写的启发,在他的影片中就出现了一架为节约时间而发明的吃饭机器。

还有一个重要的社会背景影响着卓别林的创作,那就是美国正在处于一种经济危机的状态。人们生产出一切必需的产品,但却面临的是贫困,这种繁荣与贫穷形成了鲜明的对比,卓别林要讽刺这个摩登时代,揭露社会现实,于是一部处处充满讽刺意味,又极具象征意义的作品《摩登时代》诞生了。

《摩登时代》描写的是一位普通的工人的命运。并对主人公的命运做了突出的刻画和描写,表现了主人公的反抗精神。这就激怒了某些垄断集团的人,他们认为卓别林是在尖刻地攻击他们,而且说他的政治方向是完全接近共产主义的,他明显地宣称自己是大实业家和警察的敌人。所以片子经过严格的检查,并删剪去了很多镜头,让片子磨得没有棱角。

最后片子还是上映了。卓别林得到了一些民主观众的正确评价,说它是永不衰退的生命力。而且影片的卖座率也不差,特别是在欧洲和苏联都获得了成功,但是在德国却遭到了禁演,甚至有戈贝尔指使人控诉卓别林是抄袭别人的作品。这些事情使很在意影片放映效果的卓别林有些心绪不佳,于是他决定带着宝莲和她的母亲一起去檀香山休息一下。

卓别林能够有信心和决心拍《摩登时代》,和宝莲不无关系。是这位热情的姑娘鼓舞了他,而且在生活上,宝莲也常常抽空照顾卓别林的两个孩子。他们两个人在忙碌而又愉快的三年中共同完成的《摩登时代》,可以说是爱的结晶。飞赴檀香山之后,他们又远游了东方,圆了宝莲的一个梦想。在旅途中卓别林又开始创作《香港女伯爵》。他想为宝莲写一部爱情片,但是后来因为其他原因,卓别林放弃了这个设想。在东方之行的广州一站,他们举办了一个简单而又不事声张的婚礼。

回到贝弗里后,卓别林又恢复了正常的工作,宝莲·高黛也由于《摩登时代》而一炮打响,派拉蒙公司聘请她拍了好几部片子。卓别林也曾为宝莲争演《乱世佳人》中赫思嘉而费了不少的心思。但是,婚姻生活的烦恼也随之而起,卓别林常常为了工作而不能更多地关心和注意自己的妻子,宝莲有时孤独地出现在社交场合,两人开始逐渐有些分歧。当然他们还是一起关心着这个有点裂痕的家。

世界总是那样不平静,战争风云又起,人类在这些年的发展中似乎没有多大的进步,残酷的本性又一次制造出一个更大的惨案。千百万人在炮火中死亡,而美国正在大发战争之财,卓别林对此很是纳闷,为什么人们总是谈战争的好处,谈工业的发展,就业机会的增多,就是对那些死难的人没有一点同情,对那些在战争中伤病、残疾的人不负一点责任。

早在 1937 年,英国电影导演亚历山大·科达就曾经出主意给卓别林,说可以编一部关于希特勒和流浪汉的故事,他们外貌很相似,都留着小胡子,通过面貌的误会引出许多笑料。当时卓别林并没有在意这个建议。可是现在想来,这个题材是绝妙极了,因为扮演希特勒,就可以开口了,可以打破以前流浪汉不开口的惯例,这样就可以更好地模拟、嘲笑了。于是卓别林开始了自己的又一部巨著《大独裁者》。这部片子前后花了两年时间,获得了观众的喜爱。

生活就是那样一波未平,一波又起。卓别林的朋友蒂姆·格兰特一次要去会一名叫琼·芭莉的年轻姑娘以及她的一位朋友,他请卓别林一起去了,大家聚聚,吃吃饭然后告别。卓别林也忘了这件事。

可是过了几天,琼·芭莉又来了,她的确很年轻动人,但是她说她已和男友吵翻了,如果卓别林让她留下的话,她会留下的,这使得卓别林感到很突然。卓别林坚持把她送回去了。可是不久,琼·芭莉又出现了,这种一再的坚持使得卓别林没有办法,恰好此时卓别林的朋友给他一本《梦里人生》的剧本,卓别林让琼·芭莉读读剧本,没想到她是那样动情地念着剧本,卓别林相信她能演戏。于是卓别林感觉到自己发现了人才,他把她送到戏剧学校,并买下了《梦里人生》的拍电影的权利,并与琼·芭莉签了合同。

但是后来这位小姐并不想当演员,她不断地向卓别林勒索钱财,这使得卓别林很生气,后来就给了她一些钱打发她回家了。后来她又来时,卓别林不得不报警,警察告诉她如果再发现她就要以流氓罪拘捕她了。

但是事情还没有完。卓别林经委托人找到了他想要拍的

《梦里人生》的布里奇特的扮演者乌娜·奥尼尔，她年仅 17 岁多一点，但是她的美丽、她的宽容和坚定打动了卓别林。他们决定在拍完《梦里人生》后就结婚。乌娜是卓别林

的多次婚姻中最幸福的一次。就在这时琼·芭莉又闯了回来，她控诉卓别林说她已有身孕三个月，这个腹中的孩子是卓别林的，而她穷困无依。于是报纸上辱骂、诋毁都铺天盖地而来，卓别林知道这是诬陷，因为两年来他没有和琼·芭莉在一起过。有朋友劝卓别林先暂时将《梦里人生》搁一段时间，让乌娜回避一下。但是卓别林不愿这样，他相信自己是清白的。

1943 年 6 月 16 日，卓别林和善良而宽容的乌娜结了婚。在卓别林以后的岁月中，乌娜给了他爱，忠诚和平静，这是卓别林以前从未有过的。

后来卓别林因为琼·芭莉的事在法院受审，经过做亲子鉴定，证明卓别林并非那个孩子的生父。

但是很长一段时间，卓别林和乌娜的心都在受着种种折磨。在审判那一天，卓别林去了法院，身孕四个月的乌娜听到宣判无罪的消息后，她晕了过去。

是的，这是长时间来一直受到这件事的压抑而无法摆脱的结果。

自从那场官司以来，卓别林和乌娜都感到想离开加州，于

是他们来到一个叫奈亚克的小村,在那儿租了一所房子,卓别林继续着自己的创作,他的《凡尔杜先生》早就酝酿并且已有些进展,于是在这田园风光的小村中,他准备完成它。本来他们打算在小村中住 6 个月,等乌娜分娩以后再回加州,但是卓别林感觉到他无法工作,于是只住了 5 个星期,他们又回到了加州。

卓别林是个乐观的人,虽然他的创作力因为审判一事受到了影响,但是他相信,只要能写出好剧本就一定能拍出好看的笑片,这样他的烦恼也会随之而消失的。

于是他花了两年的时间,终于完成了《凡尔杜先生》的剧本,拍片也只花了 12 个星期。

在以后的整整三年中,他精心编写了他在美国的最后一部片子《舞台生涯》。

1966 年卓别林拍摄了《香港女伯爵》,这是他一度搁下的作品。

1971 年卓别林告别了这个他曾经带来许多欢笑的世界,电影界失去了一位卓越的喜剧演员、电影大师,人们失去了他们心中的代言人。

查尔斯·宾塞·卓别林,一位伟大的艺人,他的确可以称得上是电影界的一位奇才,一位内心善良和充满同情心的人,他的成就是空前的,他给我们这个世界留下许多美好的笑声和同情的眼泪,这对于一个演员和导演来说就是最大的成功。

第二章

雕塑大师罗丹

◎ 艰难的求学历程

1840 年 11 月 12 日,伟大的雕塑家奥古斯特·罗丹出生在巴黎的阿尔巴莱特街的一幢破旧不堪的石砌灰泥大楼里。父亲是一名下级警务部门的公务员,母亲做女佣和洗衣工。

小罗丹 5 岁时,父亲便把他送到附近的耶稣会学校。这是所专为穷人孩子开办的学校,以宗教教育为主。此外还讲授算术和拉丁文等。前者他理解不了,后者他十分讨厌,而他唯一喜欢的画画,学校却是禁止的。

但小罗丹却经常偷偷地画,并为此吃了不少苦。一次,小罗丹画了一幅罗马帝国的地图,戒尺就狠狠地落到了他的手上,使他有一个星期不能拿笔。老师第二次抓住他画画时,又用鞭子狠狠地抽了他一顿,但他并不屈服,反而把老师那毫无人性、铁板似的面孔画成了漫画,心里感到一阵说不出的痛快。

其实,小罗丹很想做个听话的孩子,然而画画却是他唯一爱做的事情。他常常偷偷拿来妈妈买食物拿回来的包装纸,趴在地板上画妈妈的手、爸爸的皮鞋。

为此,妈妈只好每次都将包装纸藏起来,但小罗丹总能想办法找些东西来画。爸爸的皮鞋也毫无用处,最后爸爸精疲力竭,一见他就不住地唉声叹气:"唉,我算养了个白痴儿子。"

罗丹14岁时,爸爸认为到了该选一门职业的年纪了。

小罗丹对自己的未来还没有一个明确的设想,休闲时倒是常看书。他常去当地的图书馆,有一次他在那儿看了几本介绍米开朗琪罗作品的书,当下茅塞顿开,他要以画画为生。但是父亲认为艺术算不得正经行业,一心想让儿子从事体面些的工作。小罗丹却怎么也不肯改变主意。母亲和姐姐玛丽帮他说情,最后父亲让了步。

14岁那年,罗丹进了一所免费的美术学校,这就是工艺美术学校。这所学校是1765年法国国王路易十六的情妇蓬巴杜尔夫人宠幸的画家巴歇利埃创办的,是一所学习装帧艺术的学校。后来的印象派画家凡天—拉图尔、卢古罗、埃德加·德加以及官派雕刻家达鲁和罗丹都是从这所学校毕业的,他们的导师就是奥拉斯·勒考克。

勒考克十分讨厌美术学校,他认为那个地方已经变成了一所古典主义的学校。他力图培养学生的观察能力,要求他们能凭感觉抓住对象的主要线条和特征,鼓励学生师法大自然。

罗丹从导师那里得到了极大的启示。罗丹的学习生活走上了正轨:上午在工艺美术学校上课,下午同其他人一起到卢浮宫去临摹大师的名画,每周有两个晚上做人体写生。

当罗丹第一次在卢浮宫看到达·芬奇、提香、拉斐尔、鲁本斯、伦勃朗和米开朗琪罗的作品时,他激动万分,他最喜欢的是米开朗琪罗和伦勃朗。米开朗琪罗的作品生机勃勃、苍劲有力,而伦勃朗的作品充满感情、不落俗套。多年以后,罗丹游历了荷兰和意大利,专程去看了这两位大师的作品,这对罗丹一生的创作都有至关重要的影响。

罗丹的进步很快,他的素描很快过关了。该画油画了,然而罗丹没钱买颜料,他只能在找到一些有钱的学生扔掉的颜料管时才能画,但最好的颜料总是被挤得光光的,他只有不停地画草图。罗丹越来越感到绝望,他打算退学,勒考克阻止了他。他说:"到雕塑室吧?罗丹,你是个身强力壮的小伙子,即使不能成为一名雕刻家,也能成为一个很好的造型工或铸工。"

然而当他来到雕塑室时,他顿时意识到这才是自己真正的事业,这里的一切吸引着他,那一座座完美而有力感的著名雕像复制品、那一堆堆黏土和一块块大理石使他浑身充满了新的激情。

"我要成为一名雕塑家。"从那一刻起,他就明白无误地清楚自己该做什么了。勒考克提醒他:"这可是个可怜的职业。眼下这些日子里,雕刻口号唯一的买主是政府和博物馆。你找不到有钱的资助人,而材料却十分昂贵。"然而,罗丹想不了那么多了,对艺术的狂热感情使他忽视了一切。

当他把打算当雕刻家的决定告诉家里时,爸爸叫起来:"你疯了!当雕塑家需要多长时间?一年?""五年,如果我有进步的话。没有什么可以打保票的,但却是免费的。"

玛丽主动地说:"像以前一样,我替他付伙食费。""你也是个傻瓜,像他一样。"爸爸转而对罗丹说:"记着,一定要学会石匠的活儿,要不你死的时候将会比我还穷。"

在此后的几年里,罗丹没日没夜地学习,每天工作学习18个小时。

他几乎没钱吃午饭,经常疲惫不堪,但他不能不以近乎疯狂的速度工作——他要报考美术学院,他想受到正规的教育。勒考克虽然反对美术学院那一套,但他还是给罗丹找到了美术学院的推荐人。

罗丹先后三次参加入学考试,次次榜上无名,朋友们觉得不可思议。其实原因很简单,学术学院一直奉行大卫的古典主义观念,而罗丹所流露出的是18世纪的艺术观念和行为方式,这跟大卫的观念是大相径庭的。罗丹绝望了,他感到,作为雕塑家,他的生命已经结束了。但勒考克认为落选根本不是什么悲剧。他说:"你认为米开朗琪罗需要进美术学院吗?"罗丹听到了"米开朗琪罗",他的眼里重新放出了希望的光芒。为了生活,罗丹到一个叫克律歇的装帧师那儿以少得可怜的工资替他工作。做装帧工作主要是点缀美化楼房建筑,这可不是雕塑,但除了雕塑外也就算是最好的工作了。

他依然不时地来听勒考克和解剖学家巴里的课,但总有一种遭流放的感觉。他怀疑自己成不了真正的雕塑家,但又发现要他放弃雕塑已经不可能了。哪一天他不花上两个小时用黏土进行创作，他就觉得问心有愧，好像虚度了年华。每次下班后，他都在自己的房间里一直工作到深夜。

◉ 《艾玛神父》

生命总是充满着磨难。生活上的艰辛并不能摧毁罗丹追求艺术的决心，可精神上的重创却差一点断送了罗丹的艺术生涯！他最亲爱的姐姐由于爱情上受挫，进修道院当了见习修女。22 岁的罗丹无法接受这残酷的现实，沉浸在痛苦之中。他觉得自己也只能步上姐姐选定的这条路。

1862 年的冬天，罗丹开始了在圣体隐修院的修道士生活。修道院院长艾玛神父，是一位威严的、享有学者盛名的年长教士。他同罗丹打过招呼后，问他："你是位雕塑家吧，奥古斯特兄弟？"

"神父，我只不过是个学生，"罗丹不安地动了一下说，"艺术对我来说已经无所谓了。"

艾玛神父睁大了眼睛："如果上帝赐予一个人艺术才能，他就不能草率地将它抛弃。一个人可以同时为美和上帝服务。菲利波兄弟和巴托洛米欧兄弟就曾同时为两者服务，他们得到了荣誉和盛名。你慢慢就会知道你是不是适合当个教士，不管怎样，一个人不应当把

出家看做是逃避现实,而应当看做是履行职责。"

艾玛神父没有错,罗丹虽然努力遵守教规,但他心里越来越清楚他无论如何摆脱不了雕塑制作的欲望。他的苦闷被艾玛神父看在眼里,他给罗丹拿来了新版的但丁的《神曲》,上面有多雷的蚀刻画。

多雷的蚀刻画有一种奇特的魔力。奥古斯特·罗丹坐在修道院的图书馆里,画着自己想象中的《神曲》,比多雷的画更优美,更富有感性,几个月来,他第一次感到满足。

艾玛神父看了一眼他的画,说道:"好!好!你没有白费时间。"他敏感地意识到罗丹需要用他的手进行创作,因此安排他到花园里去干活儿,并给他拿来黏土,罗丹非常感激神父。

就在这个花园里,罗丹给他所崇敬的艾玛神父塑了一个胸像——这是罗丹签了名的第一件作品。当艾玛神父看到自己的胸像时,他说道:"这是个很好的塑像。它使我看到了我普普通通的长相,使我免于自负,但它又充满了感情,使我感到我是个人,真正的人。"

艾玛神父明白修道院不再适合罗丹待了,罗丹的生命在他的艺术创作里,他劝罗丹还俗:"你现在需要的不是安慰,而是信仰和希望。"

几天之后,罗丹带着对艾玛神父的深深敬意离开了修道院,他在那里待了一年光景。

◉ 《塌鼻子的人》

离开修道院的罗丹在埃尔梅尔大街上租了一间鸽子笼似的小房间,白天做单调而乏味的装饰工作以维持生活,一有空闲他就跑到勒考克的工作室去进行学习和创作,而且每周都有几个晚上到著名解剖学家巴里那去学习解剖学。他感到自己依然像个学生。

但是,在盖尔布瓦咖啡馆里,他却感到自己是个艺术家。这家咖啡馆坐落在离蒙马特尔不远的工人居住区。当时,很多未成名的美术家都迁到这个地区居住,因为这里的生活费用低廉,景色优美,而且巴黎气味浓厚。

在盖尔布瓦,气灯把室内照得通明,工人坐在一个角落,而艺术家们则坐在另一个角落里。他们通常只要上一点酒,便通霄达旦地坐在那里,热烈而无所顾及地谈论艺术。他们中间有凡天—拉图尔、埃德加·德加、马奈、卢古罗及最年轻的奥古斯特·雷诺阿等后来闻名于世的印象派画家。

一天,一个"落选画家展览会"的计划在盖尔布瓦咖啡馆里热烈的讨论中诞生了。他们要在各界积极呼吁,以使他们的"异端"作品能让公众所知。这个计划使所有未成名的画家都兴奋不已,但也有人表示担心。出乎意料的是,这个与沙龙分庭抗礼的计划不仅得到了严肃的对待,而且得到了拿破仑三世的公开支持。

被邀请一同参加的罗丹一下子感到精神振奋。他想找一个漂亮、出名的模特儿,以给追求时髦的巴黎人们留下深刻的印象。但他最后只能雇得到一个叫毕比的乞丐,报酬是一碗汤,加上偶尔喝点酒。

毕比有个塌鼻子,一对呆滞的眼睛,还有弄得很脏的胡须。他的整个形象倾诉着贫穷、凄凉和衰老,那副面容就是一份个人命运的记录。

罗丹进入了创作状态,白天黑夜脑子里全是毕比的形象。那个塌鼻子引起了罗丹极大的兴趣,为了塑得更准确,他使劲按着毕比的鼻梁,痛得他哇哇直叫。

"落选画家展览会"上交展品截止的那天,他仍在塑那个头像。当他的导师勒考克看到他这件尚未完成的作品时,肯定地说:"你已经摆脱了学院派头像的影响。"罗丹得到了鼓励,又带着一种新的力量去塑这个已赶不上展览的《塌鼻子的人》。

"落选画家展览会"成了一场灾难。罗丹在陈列室里听到了一阵阵讥讽和嘲笑,虽然他的作品并未在这里摆出,他还是想逃离这个地方。

在疯狂地工作了几个月后,《塌鼻子的人》终于完成了,罗丹将这件作品送交 1864 年的沙龙展出,但被拒绝了,理由是造型太丑、过于古怪,头像过于逼真。而在罗丹眼里,只要是真实、自然的东西,都是美的。所谓"真实",就是人的面目、姿势、动作和神情,能反映出他内在的灵魂、感情和思想。在艺术中所谓"丑"的,就是那些虚伪的、做作的、没有感情、没有灵魂、没有道理的东西。《塌鼻子的人》是丑陋的,然而因其真实地反映了一个人困苦、衰老的命运,所以它又是美丽的。真正的艺术家是悲悯的,是真挚地关照人类的。罗丹作为伟大艺术家的人格由此开始体现出来。

◉《露丝·贝莉》

同年春天，一个明媚的早晨，罗丹正在为一家剧院凿石像时，突然他看见一个温雅健美的年轻姑娘过来。她穿着一身深蓝色的衣服，还戴了顶无檐女帽，一望就知道是个女工，但她走路的样子却很有风度，昂首挺胸，显得十分高傲。一个多么健美的女模特儿。罗丹一下子就迎了上去。

这个姑娘就是露丝·贝莉，就是那个从此与罗丹同甘共苦生活了 50 年之久的恋人、模特儿、女管家。

他们在勒希伦大街上租了一间旧马厩。旧马厩四处积尘，到处透风，但总算是有了一间属于自己的工作室了。勤劳淳朴的露丝把这里打扫得干干净净。

年轻的爱情，使这破屋充满了温暖。

几个月后，《露丝·贝莉》胸像在这间破马厩完成了，这是一件经烧制的陶塑胸像，罗丹把初恋的爱人塑造得极富特色：结构流畅，塑像起伏多变。他用手捏出头上的帽子，脑后一绺长发舒展地垂在胸前，用雕塑刀做出肖像的眼皮，以深陷的眼窝来表现一对水灵灵的眼睛，效果非常动人。

在这尊胸像上，罗丹不受表面光滑的传统限制，为将自己感受到的新鲜印象表达出来，作品有一气呵成之势，近乎诗人的即兴诗。尽管这时他的艺术当属其青年阶段，却已显出他对雕塑语言的丰富知识的理解。

　　以后的岁月里,罗丹以露丝为原型塑造了许多作品,如《二酒神的女祭司》。

　　《二酒神的女祭司》是罗丹以露丝为模特儿塑造的第一尊女裸体像,罗丹投之以巨大的热情,这尊塑像有六尺多高,神态活泼、无拘无束,像一个放荡不羁、无忧无虑、充满生命活力的女神。它的完成使罗丹重又充满了自信,他打算将《二酒神的女祭司》送交1866年沙龙展出。

　　但是由于他买不起坚固的材料,只能用一些劣等的材料来做。

　　完成《二酒神的女祭司》几天之后,罗丹接到了第一件订货。由凡天—拉图尔介绍来的阿尔诺博士是个中年人,他想花上100法郎为自己塑个像摆在学校的门厅以显示自己的风雅。罗丹按照他自己的感觉把他塑得像个下颚胖胖的小商人,这位博士一见这个胸像,抓起礼帽就冲了出去。

　　凡天—拉图尔说:“你该把他塑得漂亮一些呀!”“你愿意那样干吗?”罗丹问。

　　凡天—拉图尔幽默地说:“你想想我为什么专画呢?”

　　为了补偿这个损失,凡天—拉图尔又给罗丹介绍了一位漂亮的年轻女士。当时正值冬天,但罗丹没有钱买木柴生火。为了这位年轻女士,他不得不打发露丝去找点生火的东西。露丝从垃圾箱里找来两双破皮鞋。不一会儿,皮鞋烧焦的恶臭味弥漫了整个工作室。露丝赶紧往炉子上泼水,没想到这股味更难闻了。坐在屋里的那位女士大叫起来,随即晕倒过去。

　　他们往她头上泼凉水使她苏醒过来,结果却使她着了凉。她威胁说要控告罗丹损害了她的健康。

　　罗丹认为在这间又破又冷的屋子接受订货会失去更多顾

主。于是他在蒙帕纳大街找到了一间较好的工作室，比原来那间只多 20 法郎，然而，他已经没钱搬家了。

凡天—拉图尔找来了雷诺阿、达鲁、莫奈、卢古罗和德加作搬运夫，他们推着一辆借来的大车，兴高采烈地向蒙帕纳大街走去。然而，就在快要到达目的地时，大车由于无法盛载这么大重量而断裂了轮辐。

《二酒神的女祭司》从罗丹的手臂中滑脱，摔在路面上，碎了。

就在罗丹塑造《二酒神的女祭司》的期间，露丝怀孕了。

这使罗丹非常恼火。经济的拮据使他和露丝自身难保，而且他无法从他的雕塑中再分出精力给孩子。但露丝天然的母性使她坚决地把孩子留了下来。

为了不影响创作，他们把只有几个星期的婴儿，送到了罗丹父母那里，露丝也终于走进了罗丹的家里。

她的温和、质朴使全家人都喜欢上了她。然而，罗丹像许多艺术家一样，惧怕婚姻，他怕陷在婚姻的牢笼里不能自拔。他的心他的生命是属于雕塑艺术的。

◉《青铜时代》

1870 年，普法战争爆发，罗丹 30 岁。他应征参加了国民自卫队。他想象着向柏林胜利挺进的场面，但却被派到后备军团，任命为下士，原因是他能写会念。露丝则靠给军队缝衬衣挣点钱来维持全家的生活。转年冬天，双方签署了停战协议，他被作为病残处理，离开了军队。

当他回到家中，发现妈妈已因天花和饥饿而卧床不起，爸爸的视力大为恶化，仅能勉强走路。为了全家人能吃上饭，罗丹不得不再次辞别家人和年仅 5 岁的儿子，到中立的布鲁塞尔的卡里埃—贝勒斯的工作室去工作。

卡里埃是法国雕塑家，他自己应付不过来，就雇用了些助手，按他的风格进行雕塑，然后在作品上刻上他自己的名字。这件令人痛苦的工作罗丹在战前已干了三年，迫于生计，他又不得不继续干下去，因为卡里埃付的工资比别处都要高。

1871 年 3 月，巴黎市民不堪忍受对德战争的失败以及随之而来的饥荒，组织了巴黎公社起来反抗，希望重演 1793 年那次成功的革命。于是在巴黎公社社员和拿破仑三世的凡尔塞军队之间爆发了一场血腥的巷战。

传到布鲁塞尔的消息令人毛骨悚然。罗丹听说饥饿比德军围困巴黎时更为严重，更有谣言说巴黎已被夷为平地。罗丹想冲回家去看看，但当时不允许任何人进入巴黎，他开始担心他的家人。

罗丹终于从一封辗转托人带来的信中知道了家人的消息，家里的人还活着，他的那些塑像也被露丝保存得安然无恙。但是饥饿正在折磨着全家人，妈妈已奄奄一息。

罗丹想要攒些钱，所以在晚上塑一些女性的胸像，然后刻上了卡里埃—贝勒斯的名字。如果说他是个伪造者的话，从某种意义上讲，卡里埃—贝勒斯更是个伪造者，然而卡里埃—贝勒斯的名字却比罗丹的值钱。他把这尊塑像偷偷拿出去卖了 75 个法郎，将钱寄给了家里。然而，他也因此被解雇了。

罗丹像发高烧似的在布鲁塞尔转来转去,不知该干什么好。然而他发现到处走动增加了他的食欲,于是他干脆整天坐在屋子里冥思苦想以减少饥饿的光顾。

就在他愁眉不展的时候,他在卡里埃—贝勒斯工作室里的同伴约瑟夫·范·拉斯布尔找到了他,邀他合伙做雕塑买卖——罗丹雕塑,而范·拉斯布尔找买主。罗丹如捞到了救命稻草一样,开始拼命地工作。

在范·拉斯布尔的建议下,罗丹把露丝从巴黎带来的《塌鼻子的人》送交 1872 年布鲁塞尔沙龙。作品被接受了——这是他第一件被沙龙接受的展品,尽管不是在法国。但是,这个雕像并没有引起什么注意。

于是,他决定塑一件大型作品,但他既无金钱又无时间,充满激情的创作仿佛离他越来越遥远。他心里充满了悲哀,变得越来越烦躁、苦闷。

善解人意的范·拉斯布尔建议他出去走走,并赞助了他100 法郎。于是,他只身游历了荷兰和意大利,朝拜了他心仪已久的两位先辈——伦勃朗和米开朗琪罗的作品。这次游历使罗丹重又找回了创作的激情和为艺术而压倒一切的决心。

罗丹崇仰米开朗琪罗,但崇仰和因袭是两个完全不同的概念。在对大师作品的迷醉中,罗丹并没有丧失自我,他要塑出独属于自己的东西。

18 个月后,罗丹的《青铜时代》在布鲁塞尔完成了。它同

《大卫》一样，是个站立的年轻人的塑像。

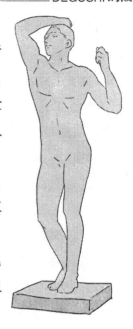

但他不是英雄，而是一个刚刚萌醒的青年。这个同真人一般大小的塑像，头微仰，双臂自然地举起，右腿微曲，眼睛还没完全睁开，尚未看到外面的世界，没有看到敌人与爱人、花丛与陷阱。

《青铜时代》被布鲁塞尔沙龙接受了，然而却由于其过于真实而被诬陷为是用真人的身体浇铸而成的。

1877 年秋，罗丹返回了阔别六年的巴黎，站在凯旋门上，罗丹异常激动，他想象着自己的作品能为祖国所接受。

然而，在巴黎，《青铜时代》受到了同样的遭遇。

巴黎一家报社重复了布鲁塞尔报刊的诽谤，指责这尊像是用活人的身体浇铸出来的，并攻击这尊像"庸俗、放肆、下流"。

一时间，这个"用真人浇铸出来的"雕像成了人们争先恐后观看的对象。在展览厅里，罗丹几乎被大喊大叫的人挤倒，然而人们来到这儿只不过是想见识见识这个伤风败俗的人体像。罗丹渴望得到公众的承认，但得到的却是辱骂与诬陷。他成了骗子，沙龙评选团被这一轰动一时的丑闻弄得十分尴尬，便命令把《青铜时代》搬出展室。

无端的毁谤使罗丹十分气愤。他一再解释和声明，以求澄清事实。甚至交出了模特儿和创作过程的照片，但遭到的是更多的数不清的麻烦。最后，在美术界朋友们的帮助下，美术学院同意由五名雕塑家组成评审团，让罗丹在评审团面前即兴创作一个雕塑，以确认罗丹的真实功力。

　　这是罗丹多年来第一次进行即兴创作。他想起了那个叫佩皮诺的意大利人，想起了他那健美而典雅的走路姿势，于是他开始塑造这个意大利人。他自如地塑着，人物的结构源源不断地从他的想象中涌现出来，他忘了还有个评选团在场，忘了时间，发疯似的创作着，直到把躯干和两腿塑完时才停了下来。茫然的心理和遭受委屈的感情都随着创作的激情消失了。

　　这尊看似未完成的塑像叫《行走的人》：一具残躯，没有头，也没有两臂，迈着大步，毫不犹豫地勇往直前。好像有一个明确的目标，又好像全无目的。

　　"走"，就是它永恒的姿势。走，带着无畏，带着振奋，也许也带着惶恐和不安——那是人的步伐，是全人类的步伐！

　　审判通过了。1880 年，《青铜时代》和新塑的《施洗者约翰》一起被沙龙接受并展出。《施洗者约翰》获得了第三名雕塑奖。罗丹的作品第一次得到了公认，他欣喜若狂，增加了创造更多作品的信心和动力。

　　《施洗者约翰》是以《圣经》中耶稣十二门徒之一约翰为原型的一尊立像。传说约翰是耶稣最喜爱的门徒，晚年被流放于拔摩岛。《圣经》中的《红翰福音》和《启示录》据称是他所作。

　　罗丹以每天十法郎的报酬雇用了那个叫佩皮诺的意大利人为模特儿。他让佩皮诺光着身子在他的工作室里不停地来回走动，而他则紧张地观察以捕捉各种他需要的姿势。佩皮诺常常走得精疲力竭，罗丹就不停地鼓励他："你会成为一件杰作的,我们都需要耐心。"一年以后,《施洗者约翰》才完成,然而他暂时还没有钱付给佩皮诺几百法郎的工钱。可佩皮诺像《青铜时代》的模特儿一样,为自身的复制品所迷而显得心甘情愿。

《施洗者约翰》也是一个裸体像,他高扬着头,张着嘴,任头发披散在脖子上,表情庄重而威严,充满着一种崇高的信念。他迈着大步,仿佛是从大自然中,从广阔无垠的荒原中走出来,然而又远远超出了大自然的生命。他浑身都为信念所燃烧,人们仿佛能听见他在旷野中的呼喊。

1880 年沙龙展览的成功,使罗丹声名远播。

法国政府邀请他为正在拟建的装饰美术博物馆雕塑一个大门,题目由罗丹自选。罗丹选中了文艺复兴时期的大诗人但丁的《神曲》中的《地狱篇》为蓝本,打算建一座《地狱之门》。政府为此在大学街给罗丹拨了一间明亮而宽敞的大工作室。罗丹艺术生涯的鼎盛时期开始了。

◎《永恒的偶像》

1883 年,罗丹在其艺术生涯的辉煌时期,碰到了他人生旅途中的第二个恋人迦密儿·克劳岱尔。

当时罗丹的工作室已经有很多学生和助手,所以当他的朋友布歇说有一个女学生将要跟他学习时,他很不耐烦,的确,这种事他已遇见很多了。然而,当 19 岁的克劳岱尔站在他面前时,他不由暗暗吃了一惊。

她生得清新脱俗,才情不凡,求上进的心又强烈又执著,罗丹大为心动。共同的兴趣和追求、相互的仰慕,使他们很快坠入了爱河,一向严肃而深沉的罗丹变得有点不顾一切,狂热的爱情使他以克劳岱尔为模特塑了一系列充满热情的塑像:热情奔放的《彩虹女神》、细腻温柔迷蒙期待的《思》等。而更多的则是燃烧着爱情火焰的双人裸像——《永恒的春天》、《吻》、《诗人和女神》、《山林女神的游戏》、《永恒的偶像》等。

可这炽烈的爱情依然无法把罗丹从雕塑创作中拉回到一般意义的现实生活中。让克劳岱尔无法忍受的是,罗丹常常因为忘情地工作而无视她的存在,而且常常忘记他们之间的约会。这些使克劳岱尔非常伤心。

克劳岱尔不仅仅是罗丹的学生、模特和情人,而且也是一位天资聪颖的雕塑家。她博学多才,没有传统的偏见,雕塑的作品不落俗套,艺术才能丝毫不让须眉,是罗丹的学生中最有前途的雕塑家之一。她雕塑的罗丹的头像就是一件杰作。在这里,罗丹的特征和性格都被有力地刻画出来了。她认识他比任何人都更深。在这座雕像里,我们可以感觉到她对罗丹如痴如醉的爱。

克劳岱尔追随罗丹整整15年,带给过罗丹无数的创作灵感。而最终,他们的爱情以悲剧告终。作为一个美丽的女艺术家,克劳岱尔有一颗完整专一的心,要求绝对,而这种绝对是罗丹无法给予她的。她更不满足于仅仅做一个被爱、被赞赏的弟子,她要成为老师唯一的情感对象和终生伴侣。

然而,他们之间还有露丝,她曾坚强地和罗丹分担过穷困、忍耐和遥远的希望,罗丹无法抛弃她。对于罗丹来说,露丝是一泓温柔沉静的潭水,而克劳岱尔则是一条急湍奔腾的小河;露丝是值得信赖的女人,而克劳岱尔是值得珍爱的女人;露丝给他温和无言的等待,而克劳岱尔则给他无尽的激情和灵感。在这二者之间,罗丹无法做出取舍和选择。敏感而自尊的克劳岱尔终于选择了离去,而罗丹也坠入了痛苦的深渊。

与罗丹分手后,克劳岱尔隐居到巴黎塞纳河中央圣路易岛的一所古屋里,生活在孤独和贫穷之中,她拒绝接受罗丹的资助,更拒绝与罗丹见面。初期她还在继续雕刻,但过了不久,这一个热

烈而敏感的心灵就完全崩溃了,她把手边的作品全部捣毁,陷入神经错乱的状态。1913 年被送入疯人院,1943 年死于疯人院。

克劳岱尔的变故给罗丹以巨大的打击,她的死更是使老年的罗丹变得沉郁和不安。

这两位雕塑天才的爱情是一场悲剧,然而这段爱情留给后人的却是永恒的青春偶像。

◉《加莱义民》

加莱是法国北海岸的一座城市,1347 年英王爱德华三世围城,加莱城坚持了一年之久,最后城中粮食耗尽,英王准备夷平全城,杀绝全体居民。此时,六名高贵的市民自愿奔赴英军驻地,他们露顶赤足,穿上麻衫,颈系绳索,持城门钥匙,决心以自己的牺牲来拯救全体市民的生命。加莱城决定为此建立一座纪念碑,他们特约罗丹来完成这件作品。

1884 年,罗丹正埋头于《地狱之门》的创作,得到这一订货后,他非常兴奋。于是罗丹又沉浸在另一件不朽的艺术作品的酝酿中。

本来加莱市政当局只要求罗丹制作义民的领袖德·圣彼

埃尔的烈士像,可罗丹在详细研读了有关历史资料之后,发现当时为拯救加莱全城牺牲而甘愿救死的义民并非一人,而是六名,于是他决定塑造一组六名义民赴刑场的群雕,虽然他能收到的只是一个像的款额。

《加莱义民》完成于1886年,这是一件组雕,六个人各有不同的性格,面对死亡扮演着不同的角色:

位置在中间的那一位长者,最引人注意,无疑,他就是德·圣彼埃尔,是他第一个挺身而出并鼓舞了其他的人。他低着头,须发长长的,那坚定的赴死的步伐及深锁于眉间的忧虑让人望而起敬。

《加莱义民》反映人物内心的矛盾冲突是真实可感的。罗丹没有把这些英雄神化,而是塑成和我们一样普普通通的人。罗丹坚持不把这组雕像放在基座上,为的是能让人们深入其间,真切地感受义民赴难时真实的情感。

市政当局看了《加莱义民》的草稿,认为感情过于悲痛,希望罗丹修改,但罗丹不满足于英雄纪念碑的惯例,他力图再现历史的真相,因此没有作大的修改。后来由于资金不足一再拖延,直到十年后的1895年,这组雕像才在加莱市的里席尔广场上正式揭幕。

揭幕那天,罗丹被安排在主席台上,他却希望到人群中间,看看人们的真实表情。罗丹很紧张,因为在官员们装腔作势的演讲结束时,全场陷入了一种奇怪的沉寂之中,好像谁也不愿打扰这些古代市民的幽灵。

加莱的市民们把这组塑像看成是他们自己的塑像。

这几个义民都是普通的平民,都是他们认识和了解的,就像他们认识和了解自己一样。

然而,各个义民又都有自己的个性,都以自身的表情和姿态获得了各自的生命。随着人们不断地挤近塑像,他们变得越来越沉默,看得越来越仔细,一个好奇的孩子伸出手去想摸一摸那个领头的义民——德·圣彼埃尔,想看看他是不是个真人,只是由于栅栏挡着而没有摸着。

罗丹真想过去抱起那个孩子。但更使罗丹感动的是另一个孩子,他爬过栅栏,攀上基座,凝视着义民的眼睛竟哭了起来。

当罗丹向塑像走去时,人们自动让开了一条路,没有人说话。他深深地感到了人民对他的敬意。在这个时刻,他们都成了一个整体,都是法国人,都为此而感到骄傲,并且都是人类普通而神圣的一分子。

◉ 《巴尔扎克》

罗丹一生中凡是杰出的作品,在那个时代总要引起激烈的争论。《加莱义民》被认为过于沉痛,《吻》被看成是表现"色情"的作品……但所有争执中,最激烈的莫过于他为法国大文豪巴尔扎克所做的《巴尔扎克》纪念像。

　　1891 年，法国文学家协会主席古拉找到罗丹，约他为其协会的创始人巴尔扎克塑一个纪念像，罗丹为此激动不已。巴尔扎克去逝的时候罗丹还不到 10 岁，但他所描写的却是罗丹所了解的世界，罗丹就是在那个世界长大的。没有哪位作家比巴尔扎克对罗丹更有吸引力了。

　　巴尔扎克比他所创造的所有人物都更有意思，更富有戏剧性。他过度肥胖，有一个向外腆着的大肚子，双腿又短又粗，难看的大脸盘上长着一副厚厚的嘴唇。他臃肿但敏感，极端复杂，很难雕塑。

　　而且按照他的本来面目去塑造是件很危险的事，但这个有挑战性的雕像使罗丹兴奋得忽视了一切。

　　为了能真正体现这一代文豪的精神气质，罗丹秉承了他一贯的严肃认真的创作态度。他翻阅了大量的历史资料。并到巴尔扎克的出生地图尔考察了一个月。

　　他先后设计了 17 个巴尔扎克像，都是裸体的，但他都不满意。18 个月的交货期很快就到了，他还没完成。又过了六个月，古拉的协会主席的任期满了，但他仍未塑好，文学家协会要求罗丹归还 1 万法郎的预付款并赔偿损失。他的朋友们从中调停，让罗丹在一个月内交给文学家协会一个模型。

　　罗丹非常坚决地说："我将给他们一个雕塑得最好的《巴尔扎克》，而不是一个塑得最快的《巴尔扎克》，这就是我履行了合同。"他像往常一样，不抱幻想，也不草草了事。

《巴尔扎克》最后的创作过程就像舞蹈一样。罗丹的双手敏捷而准确地挥舞着，毫无形状的泥团很快变成了双脚、大腿，然后是渐渐上升的躯干，最后是那个大脑袋以及像狮子鬃毛一样的头发。接着，罗丹塑出了那件长袍，使它和人物浑然一体。这件长袍使巴尔扎克显得庄重而健美。

像终于塑完了，罗丹叫来他的学生和助手。他最得意的门生、罗丹之后的著名雕塑家布尔代勒没有说话，而只是盯着那两只手。

罗丹突然担心地问："你不喜欢这双手？"

"不，我十分喜欢，"布尔代勒说，"头部是整个像的焦点，长袍创造了自身的协调，这双手十分有力，但是……"

"但是它过于有力了？"罗丹问。

"我想是这样的。"

罗丹绕着《巴尔扎克》转了整整一圈，突然他一下子把这双手砸掉了。在场的人都震了一下——这可是几个星期的辛劳啊！而且这双手是那么的出色。

"完成了。"罗丹说。

1898 年的沙龙堪称"巴尔扎克沙龙"，展览会上还展出了贝纳尔、卡里埃和沙畹的一些很能引起人们激情的作品。但是，开馆不到十分钟，几千名观众就把《巴尔扎克》及《吻》围得水泄不通。但正如罗丹预感的那样，这次展览又爆发了一场灾难。谩骂声讥讽声不绝于耳，他们无法理解，写出《人间喜剧》的大文豪、法国人民的骄傲怎么会是这么一副样子。

他们看到了一个臃肿而且没有手的老头，这使他们失望、继而愤怒,甚至有人尖刻地讥讽《巴尔扎克》像是"一只装在麻袋里的癫蛤蟆"。共和国总统费利克斯·富尔也来了,他告诉罗丹《吻》塑得非常好,但一个字也没提更重要的《巴尔扎克》。在场的每个人都听见了,于是,《巴尔扎克》成了仇恨者肆无忌惮攻击的靶子。

文学家协会以十一票对四票拒绝接受《巴尔扎克》。

巴黎市政厅决定不允许在市内任何地方竖立这尊塑像。

然而罗丹并非孤立无援,他的艺术界的朋友们联合起来为他辩护,并发表了宣言,其中包括最有名望的作家古拉、法朗士、画家莫奈、劳特雷克,音乐家德彪西等,总理乔治·克列孟梭也在声明上签了名。

以诗人马拉美为首的支持罗丹的委员会,打算筹集3万法郎把这件巨制买下来,而且已筹到了一半的款子。

罗丹被深深地感动了。然而他不愿再卷进这种没完没了的斗争中去。他辞谢了艺术同仁们的好意,把《巴尔扎克》运回到他借了4万法郎购置的俾峒别墅里,打算自己将它保存下来。

罗丹关闭了他和克劳岱尔在一起工作的工作室,回到了俾峒乡下。露丝正在以顽强的耐心等着罗丹。

她拼命地干活儿,以使自己不去想罗丹的情人,以使自己的心灵保持平静。

当她看见运回来的《巴尔扎克》像时,她安慰罗丹:"《巴尔扎克》要在这里伴你一生。但他总有一天会到巴黎去的。"

1899年,巴黎正准备以规模空前的展览会——1900年国际博览会来迎接20世纪的到来。罗丹决定用他所有的作品给他的敌人们以回答。但负责举办展览会的部门拒绝给他安排地方,说他的雕塑不符合他们的主题——进步。最后

在一些有影响的支持者及曾帮助过他的银行家的支持下，他获准建立了自己的展览厅。

展览厅离国际博览会的展厅很近，他那简陋的雕塑殿堂同富丽堂皇的博览会展厅及附近的科学厅形成了鲜明的对比。票价是一个法郎，够低的了，然而他还是不知道是否会有人来参观。因为美术学院、美术院和法兰西学院的敌视态度可能会给公众以极大的影响。

果然，来参观的人寥寥无几。直到教育部长参观了他的展览，并宣布那座尚未完成的《地狱之门》是个爱国主义作品后，情况才发生了变化。

成千上万的观众都来看罗丹的展览。他雕塑的克劳岱尔、雨果、波德莱尔等人的头像十分引人注目，因为社会上流传着许多和这些人物有关的流言飞语。

虽然有人恶毒辱骂罗丹，但对法国之外的世界来说，他已成了第三共和国的一大光荣。俄国沙皇尼古拉二世参观了展览厅，威尔士亲王在这里整整度过了一个下午，法国的新总统卢贝也来了。

巴黎确实是无法预言的。去年还被舆论攻击的人，今年却受到了巨大的赞扬。各国的博物馆都争着购买他的雕像，这使罗丹的作品成了国家的骄傲。私人收藏家向他提出了多得难以接受的订货项目。

当他企图通过提高价格来阻挡那些他不愿接受的项目时，他的作品反倒更加叫人垂涎欲滴了。他要价越高，收藏家买的就越多，得到一件罗丹的作品成了当时一件十分时髦的事情。到展览会结束时，他已卖出去了价值超过 20 万法郎的作品。并再次获得一枚荣誉大勋章，他获得了巨大的成功。

历史是检验一切的标准。正如罗丹自己所说的那样："《巴尔扎克》像是我一生创作的顶峰，是我全部生命奋斗的成果，是美学原理的集中体现。"当年屡遭诽谤的《巴尔扎克》，终于以其深入地体现出对象的精神气质而取得了永恒的地位。

◉《地狱之门》与《思想者》

《地狱之门》原定于 1884 年完成，但罗丹却一再拖延。

《地狱之门》花去了罗丹毕生的精力，他在这件宏伟巨作上不断工作了 37 年，直到他去世前一年，他还在修改这座门，而且至死，也没来得及将原作翻铸成铜像。

1902 年，奥地利象征主义诗人里尔克到侔峒去拜望了罗丹。当时罗丹正在为《地狱之门》上的《思想者》而烦郁不堪。《思想者》雕塑的是神人但丁，他应坐在《地狱之门》的门顶上，忧虑地俯瞰下界。但罗丹无论怎么都不满意他已塑好的那些造型，它们没有表达出罗丹真正想要表达的思想。

"他看起来不像诗人。看他相貌凶悍、肌肉发达，倒更像个野蛮人。"

罗丹坐下来开始思考里尔克的话。他用手托着下巴，两肘支在膝上整个人陷入了沉默。

"先生，你现在的样子就很像，"里尔克突然叫了起来，"就像你这样用心思索。"

思索？对了，思索就是斗争，而这个伟人正用他的全部力量在进行思索。罗丹豁然开朗。

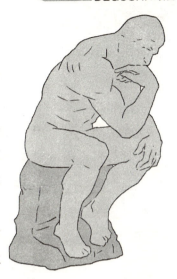

罗丹开始重新塑造这个两倍于人体的人物。他逐渐认识到，人并不是一个为反抗腐败世界而斗争的文明的生物，而是一个在为脱离动物状态而挣扎着的兽类，努力脱离兽类而变成一个思想者，是一件多么艰难的事情啊！

塑像石臂支在左腿上面，他对此实行了反复的推敲。塑像的躯体变得魁伟粗大，两肩很有力量，脚和手也变得硕大有力。整个塑像粗厚沉重，但又似乎在跳动着，充满了力量，支配着四周的空间。

在《思想者》上，罗丹着重表现了那种苦思冥想而坚定不屈的力，相信那基本上是一个悲剧性的生命所具有的特点。

◉ 晚　年

1906 年，诗人里尔克又来到巴黎的侔峒，主动要求陪伴罗丹，并做他的秘书。他崇敬这位伟大的艺术家，愿意为他分担些麻烦，而罗丹很高兴有这样一位理解他的诗人待在身边。

几个星期后，爱尔兰的大作家萧伯纳和他的妻子到巴黎来了，要求罗丹为他塑一个像。罗丹虽然没有听说过这个人，但他一下子被萧伯纳的面容迷住了，他感到这位作家的相貌有些基督的气质所以答应了下来。一天早上，罗丹开始雕塑萧伯纳的第十个半身像，萧伯纳显得有点心神不安。他问罗丹预计什么时候可以完成。罗丹粗暴地回答："那是我的事，与你无关。要是有谁让你什么时候完成你的作品，你听他的吗？"萧伯纳笑了。同为非凡的艺术家，他理解并敬重罗丹严肃认真对自己的作品负责的精神。

俳峒现在乱糟糟的，每天都挤满了要求会见这位大师的人。但罗丹命令里尔克不准任何人见他。他觉得剩下的精力不多了，而他必须将所有的精力都投入到《地狱之门》的创作上去。一年以后，里尔克终于忍受不了每天长达 16 小时的紧张工作和罗丹粗暴的态度，离开俳峒而去。

两天之后，里尔克给罗丹写了封信。信中没有怒气冲冲的责备，相反，里尔克却说，不管发生什么事情，罗丹将永远给他以创作的灵感，将永远是他的老师。1907 年，罗丹获得了牛津大学的荣誉学位。

1908 年，罗丹搬进了比隆公寓。这是一个很好的工作环境，罗丹下决心要在这里度过自己的晚年。

然而，事情并不像他想象的那么如意。罗丹被告知说，他必须搬出去，因为国家决定把比隆公寓以 600 万法郎的价钱卖给一个商号。他找到了克列孟梭总理，要求政府的理解。克列孟梭虽然觉得他的想法很天真，但他还是答应尽力而为。

最后，政府花了差不多 600 万法郎买下了这座公寓。罗丹以为就此安心了。然而，不久他就接到命令让他三个月之内搬出比隆公寓，快要 71 岁的罗丹对卷入另一场没完没了的争斗感到厌倦透了。现在他的精力已经不足以忘我地进行创作了，他不想把这仅存的精力花在这些扯皮的事情上去。于是，他想出了一个简单的计划——把他所有的作品都交给法国，以此换得他晚年的安静。

克列孟梭总理对这个慷慨的建议感到吃惊,谁都知道,罗丹作品的价值远不止600万法郎,而且,随着时间的推移,其价值是无法估价的。而这一切仅仅是为了他能继续他安静的创作!

1913年3月的一天,老友布歇脸色凄怆地带来了迦密儿·克劳岱尔彻底发疯的消息。

罗丹两眼充满了泪水。他有那么多话要说,但却只说了一句:"法国失去了一位杰出的雕塑家。"

罗丹力图以创作来平息他的痛苦,但是,这些日子里,创作使他竭疲力竭。克劳岱尔精神上的崩溃使他变得老态龙钟了。他常常感到一阵阵的恶心和头晕。

他对谁也没倾吐他的烦恼,连露丝都没告诉。他下决心不要失去对自己的控制。

罗丹渴望宁静。但是,1914年的夏季,第一次世界大战爆发了。在几个星期之内,德国人打到马恩,离侔峒不远了。政府命令他撤走。他们不能让他当俘虏,他是国家的财富。他发现自己成了法兰西的财富,感到很滑稽。他准备同露丝离开侔峒时,最后看了一眼矗立在花园里的《巴尔扎克》。这个像太大了,短时间内无法搬走。他心里祈祷着,但愿德国人不会毁坏《巴尔扎克》和放在工作室里的众多的作品。

巴黎也不是个避难的地方。有谣言说德国人马上要突破马恩防线,这样巴黎就毫无防御可言了。政府劝罗丹到英国去。

他对能再次看到《加莱义民》感到十分兴奋。这组塑像的铸型已竖立在英国的议会大厦附近。

1915 年，罗丹被请去为教皇塑像，他为此感到欣慰，他将走上米开朗琪罗所走过的道路。最重要的是，这将使他有机会去影响教皇本尼迪克十五世，让他看到法国的事业是正义的。这位教皇迄今为止还令人痛苦地保持着中立。

但他的想法很快就被证明是天真的。教皇是一个很傲慢的人，他不肯为罗丹坐很久，不肯像其他模特儿一样走来走去，更不肯让罗丹像对待其他人那样去摸教皇的脸以取得轮廓线，他坚持要坐在一个造得像御座似的高台上。而且，教皇丝毫不理会罗丹关于战争的想法。这个至尊的教皇像没有如愿地完成。

战争平息下来，双方处于对峙的局面中。罗丹得到允许回到了侔峒。凭记忆的教皇的胸像很难完成。

每件作品都很难完成。他根据卡缪初次和他相见时的那个样子为她雕塑了一个头像，同时还雕塑着基督像，但好几个月过去，这两个头像还是没有塑完。

他时常被迫躺下休息，以保存他那逐渐衰竭的精力。但他的创作欲望却使他无法安下心来。不管怎样躺着，他的身体都感到疼痛。

罗丹在巴黎发现了一个上面钉着耶稣的巨大的中世纪栎木十字架，就花了几百法郎把它买了下来。露丝感到迷惑不解，罗丹看起来并不特别信仰宗教，而且没有哪个房间可以放这么大的家伙。

罗丹自有办法。他的卧室虽然比十字架矮，但他把十字架的顶部直插进顶楼里，底架一直伸进餐厅。那雕塑精致的耶稣正好面对面地望着他。

就在他调整着十字架的位置时，突然感到脑袋像刀扎般的疼痛起来,来势之猛竟使他不得不扶住十字架来支撑自己以免摔倒。露丝焦急地问:"怎么啦?"

"没事。我觉得很好,就是有点累了。"他坐下来,过了一会儿,疼痛过去了,他若无其事地说:"把这乱七八糟的碎片都收拾干净吧。"他又开始雕塑卡缪的半身像。几天后,他正在拼命地想在精力耗尽之前完成这个像,突然眼前一阵发黑,他想要把掉在地上的凿子拉起来,但却办不到——他的手麻木了。他喊来露丝,要她把凿子递给他。

她照他的话做了,但她突然好像挨了沉重的一击,惊叫道:"你病了!""没病,只是手的问题,我把手弄伤了。"他试着重新握着凿子,但它却又掉到地上了。露丝要去请医生,但他不让去。

手上的力量始终没有恢复过来。罗丹不能进行雕塑,而且悲哀地意识到,他的双手已经永久麻木了。

但他没有对任何人讲,好像这是件丢脸的事似的。他整日待在工作室中,借观察他的作品打发着日子。看看《青铜时代》,他想,若是现在,我可以把它塑得更好一些。失去了雕塑的能力,对罗丹来说是最大的痛苦。他对自己说,绝不能这样活下去。他把绝大部分时间都用来试着迫使他那麻木的手恢复活力。但不管如何努力,那只手还是无力地下垂着。最后,他绝望地用他那只仍能活动的手握住那只麻木的手使劲往胶泥上推,企图像他曾逼迫生命进入雕塑作品那样,迫使他的手恢复活力。他一定要让这只手重新变得柔软灵活起来!他用力地推呀,揉呀。他越用力头就疼得越厉害,可他不理会。突然,他感到眼前一阵发黑。

当他对周围的事情恢复了知觉,他已躺在床上了。

他盯着吊在他对面那个十字架上的耶稣,听到医生对一个陌生人说:"他得了脑溢血。我们将不得不宣布他在法律上已失去了能力。"

"我并没有失去能力。"他愤愤地想到。他感到讲话十分困难,而且也不能很好地活动,但他却能看见露丝、巴尔扎克和雨果。罗丹一天比一天衰弱。最后,在 1916 年 9 月 13 日,他签字把他在法国所有的艺术品都移交给国家,而国家则同意在比隆公寓设立罗丹博物馆。

1917 年 1 月 29 日,在他们的儿子小奥古斯特出生 50 年之后,他们在本区区长的主持下举行了婚礼。2 月 16 日露丝去世,11 月 10 日罗丹去世。葬礼于 11 月 24 日举行。

奥古斯特·罗丹离人们而去了,他是一位执著而勤恳的艺术家,一位勇于开拓创新的艺术家,一位关心着人类的艺术家,同时他也是一位真正思考的艺术家。他的生命、他的精神将同他的那些杰出的雕塑作品一起不朽于世。

第三章

"印象派画的始祖"莫奈

◉ 少年天才

1840 年 11 月 14 日,是一个飞雪漫天的日子。在近郊的一家小杂货店里,一个男婴,带着他响亮的哭声,来到了人间,给这个安分、淳朴的家庭带来了极大的喜悦。他就是克洛德·奥斯卡·莫奈。

父亲克洛德·奥古斯特是一个做小本生意的买卖人,很晚才和一位名叫露意丝·奥勃莱的年轻寡妇结婚。莫奈是家中的第二个孩子。父母终日忙于生意,无暇顾及孩子的成长。

莫奈就像棵小树一样,在天地间自由地呼吸、成长。三四岁时,他就表现出非同凡响的绘画天赋。家里的墙壁、地板上都是他随意涂抹的"天真的童话"。那幼稚的线条、笨拙的笔触,滑稽、可爱、不成比例的小动物,常常让光临杂货店的顾客们捧腹大笑。那不可满足的好奇心和求知欲,使这个孩子有着无休止的创作欲望。父母宠爱他,杂货铺的生意正红火,他们希望儿子将来也能从事商业。

在当时那种事务性的环境中,艺术被看作是"不成器的人的疯狂冒险",遭到轻蔑。小莫奈四处涂鸦的"杰作",使母亲不禁微微皱起了眉头。母亲常想:"我的小莫奈长大后要是能成为一个木匠或者鞋匠什么的,我们的日子就好过了。"

1845 年,莫奈 5 岁的时候,父亲在勒·阿弗尔谋求到一个新店铺,于是全家举迁。那是法国北部的一个港口城镇,莫奈在这里度过了他无忧无虑的童年时代。哺育他成长的既有这个自给自足的小商人家庭,也有勒·阿弗尔的泥土、森林、海洋和天宇。

这里风景宜人,草地如茵。果园农场点缀其间,树篱小径纵横交错。他们家住的是一幢小小的两层瓦房,不远处就是大海。靠近海岸,能经常听到海涛的喧哗声。特别是在安静的夜晚,风暴过去以后,大海那低沉的如唤如诉的音响,常给人以奇异的感觉。这种声音不知在哪个夜晚叩开了莫奈幼小的心扉,以后一直在记忆中回响不绝。每当"阳光灿烂、海水蔚蓝"的时候,小莫奈就登上岸边最高的悬崖,欣赏海天空阔的壮丽景象。阳光用金线在天地间织就了一块巨大的画布,在海岸线上来回摇动。海风吹来,波涛如万马奔腾,喷出一幅幅壁画。冥冥中一股强烈的冲动激奋着这个年轻人,使他很快就爱上了这人类最原始的语言、最伟大的风景——自然。

在美丽大自然的陶冶下,莫奈养成了自由自在的性格。他常在夏天到海边去拾海鸥蛋、看渔人出港;或在海面静静地躺着,任凭海波漂浮。

可以说,他在悬崖、海边度过的时间远比在学校里的多。学校在他看来,仿佛是一座"监牢"。课程全是一套沉腐的东西,学生们只要靠死记硬背就可得到高分。莫奈不是个安分守己的好学生,一天到晚都想鼓捣出一些新名堂来。为了打发学校枯燥、无聊、循规蹈矩的日子,为了让他那双爱动的手不至于闯祸,莫奈就在笔记本的封面上画装饰来消遣。而且还调皮地速写他的老师,画得很不恭敬而且不成样子。他的数学老师总成为他的模特。这位铁面无情的"法官",不幸长着一张滑稽可笑的脸。莫奈总是乐此不疲地夸张他那如豆的小眼、大大的蒜头鼻,还特意在鼻头上抹上一些红颜色。每每他画兴正浓的时候,就发现那张可笑的脸瞬间露出狰狞。老师怒气冲冲地撕毁他的画。小莫奈虽然经常遭到老师的痛斥,心里却感到说不出的痛快。这些巧妙而老练的构图表现了一个孩子的天真烂漫和创造才能:没有比例和透视,没有细节而一味突出部分,任意地运用色彩。

绘画技巧就这样在不知不觉地在玩乐中逐渐积累起来。他的画,就像一个孩子在兴高采烈的时候发出的笑声,随意、活泼,充满着激情;就如雪片的形成、花朵的绽开、鸟儿的歌唱一样浑若天成,出于本能。后来,他画肖像的本领逐渐被当地人承认。15岁的莫奈便以一个漫画家闻名于家乡。

莫奈的第一批漫画肖像在勒·阿弗尔展出,一家小画框店的橱窗吸引了许多的观众。莫奈的天才震动了这个濒海的穷乡僻壤。各种人都来要他画个漫画像。大量的定件，以及由于母亲的慷慨而获得的不多的补助金，鼓励莫奈作出了一个使他的家庭为人非议的大胆的决定：他画肖像来得钱……每幅收入 20 法郎。

莫奈用这种法子获得了相当的声誉，他很快地成为了一个"城里的要人"。在画框店的橱窗里，他的漫画四五幅成一列地骄傲地陈列着。不过在这整个光荣之前依然笼罩着一层阴影：在同一个画框店里常有一些海景画挂在他的作品上面。他对这些作品，像多数老乡们一样感觉到"讨厌"。

这些使莫奈感到"极度厌恶"的海景画作者是一位当地画家——欧申·布丹。布丹在青年时代只是个热爱绘画的小商人，经营一家文具和画框店。一个偶然的机遇，他邂逅一位叫米勒的画家，并受到他的指点。从那时起，他便失去了对商业的兴趣，决定要做一个艺术家，虽然米勒强调这个决定会带给他各种困难和贫困。不久，他取得了前往巴黎学习三年的奖学金。当他回到勒·阿弗尔时，老乡们发现他不好好地待在画室中描摹人体和静物，却反而直接地在露天里画习作。许多人认为他的作品不过是一个根本不懂怎样画画，只会涂抹"凌乱的色块和线条"的初学者的速写。他被称为"没有出息的怪人"，他的海景画自然也遭到了人们的白眼。

但是小莫奈对他有成见，倒不是讨厌他的画。反而从这些

"凌乱的色彩和线条"中,感觉到一种似曾相识的冲动:那是日夜喧嚣在他心中的大海的声音,那是终日沐浴他的阳光的色彩。他总是幻想把它们描绘下来,却没有做到。怀着一种成功少年高傲、敏感的心理,他甚至嫉妒起这个"怪人"来。尽管如此,这个 15 岁的少年天才还是引起了布丹的兴趣。一天,一个画框商把莫奈作为一个有漫画天赋的青年介绍给了布丹。布丹要他放弃漫画,要学习怎样观察,学习用油画和素描来画风景,但对于当时沉浸在成功喜悦中的莫奈对此毫不理会。

布丹时常约他到野外去画速写,莫奈总是找一个借口有礼貌地谢绝他。但是,布丹的热心、真诚给了莫奈一个很愉快的印象。这个固执己见又满脑子幻想的小家伙,却无法平息心中躁动的火焰,他渴望把那些常驻心头不肯离去的大自然的画面搬到他的画布上。在布丹不倦的好意前,他终于屈服了。不管母亲如何为他交了这样一个名誉不好的朋友而烦恼,莫奈背起画板奔赴自然的召唤,迈出了他在艺术上取得成就的第一步。

清晨,太阳尚未升起,莫奈就在树下支起他的画架。看着破晓前灰蒙蒙的夜色,唱起歌来。在薄薄的雾霭中,景物的模糊轮廓隐约可见。空气中迷漫着淡淡的馨香。大海依旧在沉睡,打着呼噜,微微起着波澜。

随后,曙光初照大地,花儿苏醒了,朵朵带着颤动的露珠。鸟儿在它们的森林教堂里唱起了早晨的赞美诗。雾霭冉冉升起,像是一出新戏开演时的幕布,呈现了色彩柔和的天空,金色的村庄、树木和泛着白沫的海浪。

现在,太阳燃烧着大地。灰色的桦树、碧绿的芳草、蔚蓝的天空,清新、雅致、生气盎然。莫奈一边唱,一边挥笔画下这一切景色。作为启蒙老师的布丹,总是用最简单的话把他的观察所得与经验,传给他年轻的学生。

六个多月的室外作画,莫奈相信大自然的千变万化,是他绘画的最好天地。在这个小城的学校里,已无法把一个受到艺术感召的人限制在狭小的圈子里。他用那双渴望的眼睛,到处搜寻他所能看到的画家们的作品。

在姑母勒卡德尔夫人的阁楼里,他找到了他少年时代的崇拜者——巴比松派画家杜比尼。那敏锐活泼的笔触、柔和朦胧的色调让他如获至宝。莫奈终日失魂落魄地临摹着他的画,一连好几个小时待在姑母的阁楼里,忘却了周围的一切。

这座小小的陋室,成为把他的精神世界与物质世界隔开的一道藩篱,充盈着他热爱艺术的自由自在的灵魂。大师们的作品使他开始认识到在艺术上要有所作为,必须先到巴黎接受一些基本训练。现在充当一个艺术家已成为莫奈的神圣使命。他坚持要做一个画家,并且要在巴黎定居下来学习。父母并不完全反对儿子的这个理想,家人们了解他的才能,甚至以他的才能为荣。但是他们不可能在经济上帮助他。1859 年,父亲写了一封信给市参议会,希望它能像资助布丹一样帮助他的儿子。

不等到市参议会的复信,父亲就允许他儿子到巴黎做一次短期旅行,去向一些艺术家请教。莫奈取出存在姑母那里的、靠画肖像画赚来的 2000 法郎作为路费,带上布丹给一些小有名气的画家写的推荐信,愉快地离开了勒·阿弗尔。

◉ 成长历程

与勒·阿弗尔宁静舒适的田园相比,巴黎则是另一个世界。这里繁华、喧闹、充满新鲜和刺激。

巴黎画坛上更是派别林立:学院派、浪漫派、写实派各领风骚,针锋相对。

而莫奈,一个从勒·阿弗尔到巴黎艺术殿堂来求拜的朝圣者,一个酷爱艺术的年轻人,还未曾领略这画坛的风风雨雨。他刚刚抵达这个举世闻名的艺术之都,以一个乡下孩子惊奇而惶惑的目光打量着这个陌生城市的一切。莫奈很幸运,他一开始正式作画就受到了法国著名风景画家布丹的指导,他的航船一直就高扬着个性的风帆,在云天碧海中遨游,努力追赶画坛的前锋。

1895 年 5 月,莫奈在沙龙展览会中流连忘返。他专心地研究所有著名画家的作品。科罗、杜米依、特罗容等人的风景画使他赞叹不已。他如饥似渴,大口大口地吞饮着大师作品中涌出的艺术清泉。

他独自去拜访了好几个画家,特罗容对他作了热心的指导:"我看了你带来的画,有色彩,这很好,在一般效果上也正确。但你要作一番努力,学习作画,这是一件非常细致的事,但你干得太随便,功夫在身,它是丢不掉的。如果你肯听我的劝告,并且认真对待艺术,你应该进一个画室学习素描。这是目前几乎人人都缺乏的锻炼。对这一道理,人们总是了解得不够深刻。同时不可轻视油画,坚持到乡村里去画速写,并往卢浮宫临摹大师们的作品,经常地把画带给我看看,凭着你的勇气,你将获得成功。"

特罗容的批评与鼓励让莫奈大受启发,但他没有接受特罗容让他进库退尔画室学画的主张。因为他厌恶画室中那股"学院风",并深深地感到脱离生活的任何艺术活动都是没有生气的、僵化的、凝固的。

他无论如何无法接受这种没有生命力的"艺术",他认为,这种艺术将扼杀他的独创精神。巴黎实在让他大开眼界。血气方刚的莫奈不会为进美术学校上正规的课,而放弃自由自在的户外活动,他就像一只习惯在高空野林中翱翔的飞鸟,无法忍受樊笼的束缚。

他和一些艺术界的学子们跻身于烈士啤酒店的集会,那里有对艺术问题的火热的争论。偶像在片刻之间被创造或被废弃,没有任何一种权威可以让人噤若寒蝉。美术学院愈是主张维护的神圣传统,在烈士啤酒店里便愈遭到怀疑。人们用激情代替逻辑,用热情代替理解,充满着盎然生机和勇于探索的坚强意志。同时在啤酒桌的周围产生了无数的友谊。

巴黎吸引了一大批全国、甚至全世界的年轻的天才,他们在这里找到努力的方向和令人兴奋的同志关系。他们彼此受到鼓励、交上朋友,让自己不断地在艺术上摸索,埋下光荣的种子。

由于莫奈拒绝进美术学校,父亲一怒之下断绝了给他的津贴。他只好靠自己的储蓄维持生活。

也许是莫奈年岁尚小，也许是学院派那一成不变僵硬的画风令人讨厌，他所知道的便是直接由眼所见、由心所感的一切。他以天真的态度来信任一切。这就注定他一生都是一个以谦虚的心情献身于自然与艺术的单纯的人。在这段时期，他被一些专画风景的年轻人所包围，在偶尔去的画室结交了另外一些青年美术家。他们有着共同的爱好，经常在一起交流思想和经验。在这种情况下，莫奈取得了一些进步。他的鉴赏力、辨别力也随之有所提高。

1860年初，一个出自私人收藏而没有美术院参与的大规模的现代画展在意大利路开幕了，此次画展跟前一年官方画展形成了令人惊讶的对比。

这些画洋溢着生命的力量和灿烂、强烈的色彩，使莫奈大受感动。这些作品在他的眼前展开了一个五彩缤纷的世界。他很高兴地说，这个新画展证明"我们并不如人家所说的那么腐败"。

他被德拉克洛瓦的18幅油画、巴比松派画家的风景画、库尔贝和科罗的作品，还有米勒在去年沙龙落选的那幅《樵夫与死神》深深地吸引住了。站在这些作品面前，他忍不住热泪盈眶。用笔的灵活，色彩的调和与创造力，使莫奈获得了"一种新的战栗"。

不久，莫奈进斯维塞画院学习，这是一个从前当过模特儿的人开设的画室。是在奥菲尔码头的一所旧而肮脏的房子里。

画家只要出一些钱就可以在那里画活的模特儿,既不考试又无课程。不少风景画家都去研究人体解剖学。在写给布丹的信中,莫奈谈到自己工作的一些详情:"……我很用功画人体,这是很有益的事。这里的风景画家都开始发现画人的好处。"库尔贝、马奈、毕沙罗都曾先后到那里画画,莫奈很快地结识了他们。

跟毕沙罗一起作画不久,莫奈要去服兵役了。这对他来说并不害怕,他渴望在这场波澜壮阔的历史洪流中搏击,去吸取创作的灵感和力量。而他的父母则另有打算,他们没有原谅莫奈从家里逃走的过错。他们希望莫奈只要肯认罪,他们就可以花钱买一名替身交差,趁此机会把他拉回家,否则就要当七年的兵。但是莫奈的态度很坚决。

1862 年,莫奈在阿尔及利亚患伤寒病,被送回家中休养,他在这六个月的疗养期间用加倍的精力作画。父亲看到他这样固执,最后只得承认没有一种意志能够压制这个青年艺术家。在莫奈休假期满之时,父母把他从部队里赎了出来,回到了勒·阿弗尔。

莫奈又有机会在海滩上自由作画了。自己一个人或者和布丹一起,这时恰巧琼坎也在勒·阿弗尔画画。这又是一位在莫奈的艺术道路上产生过重要影响的艺术家。

琼坎 40 多岁,高大结实、亲切而羞怯。他和布丹一样重视描绘大自然的光色变化和环境气氛,尤其爱画海景风光。

他只有在画画或者谈论艺术时才感到舒服。对他来说,没有比千变万化的自然现象这一题材更引起他兴趣的了。他用那敏捷的双手,加以敏锐的见解,把它们转变成简劲的线条和明快的色点,而不反复涂改添加。琼坎、莫奈和布丹之间很快地便结成很好的友谊。夏季,他们三人一起去描绘大自然。莫奈后来回忆道:"琼坎要看我的速写,要我跟他一起画画,对我解释他为什么用他的方法,因此把我曾经从布丹那里得到的教导完备起来。从那时起,他成为我真正的老师,他完成我用眼睛观察事物的教育。"

同年11月,莫奈又回到了巴黎。父亲警告他:

"你要好生懂得,这次你要老实地学画。我希望你能够跟一个著名的画家学习。要是你再闹独立,我就立刻停止你的津贴……"为了不使父亲生气,莫奈同意了这个安排,他进了格莱尔画室。

格莱尔是顽强的学院派的追随者。他总是忘不了自己年轻时求学的困苦情形,开画室以来,对学生非常宽宏。他很少拿起笔来修改学生的作品,对于题材也没有什么限制,学生们爱画什么就画什么,尽量留给他们自由发展个人志愿的广阔天地,他赢得了学生们的爱戴。格莱尔每星期两次到画室里来,慢慢地在里面兜圈子,在每一个画板或画架前面停几分钟。

画室有三四十个美术学生,每天早上8点到12点都在那里对着模特儿画素描或油画。莫奈第一个星期还是老老实实,他很专心地画了一张裸体模特儿的习作。第二个星期,格莱尔似乎注意到了这个年轻人的天赋,他在莫奈的身后,像生了根似的稳稳地坐下来,聚精会神地看他画画。然后他转过身来,把沉重的头靠在一边,用满意的口气说:"不差,真不差! 东西虽然画出来了,但是对模特儿的特征画得太多了。在你面前是一个矮胖的人,你就把他画成矮胖,他的脚很大,你也画得一模一样。而所有这一切都是很丑陋的。年轻人,我要你记住,当一个画家画一个人时,应该时常想到古代希腊、罗马的东西,把这个丑陋的人用你的想象力让他成为一个健美的男人体。我的朋友,把自然作为研究的一个因素是对的,但是它提供不出什么好处。你要知道,风格高于一切。"

对莫奈来说,这个劝告使他震惊。他从布丹和琼坎那儿学得要忠实地记录所见事物。于是,在他和他的老师之间构起了一道防线。莫奈并不是唯一的一个使自己的作品引起格莱尔不愉快的学生,还有一个巴黎人奥古斯特·雷诺阿。他似乎也不能够恰当地接受学院派的精神作画。一次,格莱尔瞧了一眼他的模特儿素描,就冷冷地说:"毫无疑问地,你是为了自寻乐趣而拿了颜色随便涂涂?"雷诺阿答道:"什么?当然啦!要是画画不使我感到乐趣,请你相信我是绝不会去画的!"这个出乎意料的答复是从这个学生的心底里发出的。他和莫奈同病相怜,很快成为情投意合的兄弟。当弗列德里·巴齐侬和英国人阿弗列德·西斯莱参加进来时,他们便形成了一个四"好友"集团。

他们的作业愈来愈引起格莱尔的厌恶。同时他们也与画室的多数学生疏远了。那些学生大都很粗俗,开讨厌的玩笑,唱黄色歌曲,举行下流的化装舞会。

他们不谈艺术,没有一句高尚的话,毫无崇高的理想和感情。在莫奈心中萌发了离开的念头,但由于害怕父亲知道要生气,他仍按时到画室去,对着模特儿草草画一两幅速写以便应付老师的检查。

可是雷诺阿、西斯莱和巴齐依在格莱尔画室却没有造反的念头。

而莫奈从一开始就流露出某些公开抵抗的情绪。

由于性格强硬、思想活跃,莫奈很自然地成为画室中的领袖人物。他向朋友们介绍布丹和琼坎作画的方法,讲述在烈士啤酒店里的争论以及库尔贝、科罗的情况。

从莫奈那里,年轻的画家们得以接触到美术学校以外的艺术生活和新思潮。

他们还共同研究科罗和巴比松派的艺术。他们对科罗在描绘大自然风景上的独特成就十分喜悦,对库尔贝和马奈的大胆而直率的风格也极为欣赏。莫奈对于人体原无多大兴趣,但马奈的人物画确实给莫奈打开了新的视觉世界,那就是独特的整体观念。

1863 年 3 月,马奈在一个画廊展出他的《推勒里宫音乐会》(1860 年)、《西班牙舞蹈》(1860 年)和《巴伦西亚的洛拉》(1861—1862 年)三幅画时,莫奈等人深深为这种新颖画风所倾倒,这种让传统的立体感和透视法由光色的对比和明暗手法所代替的独创,加强了形象的生动表现力。这种画法启发了所有在场的新画风的开创者。莫奈将这种画法直接运用在风景画上,雷诺阿则着力于表现阳光下的女人体。

为了抵制新思潮的成长,1863 年的沙龙评审委员会比过去各年更加严格,许多过去曾经入选的美术家如琼坎、马奈也都吃不开了。

4000 多件作品落选,在美术界引起了一次大的骚动。有人居然呈请皇帝路易·拿破仑为他们开办了一个"落选作品沙龙"。使"落选画家"得以公开展出他们的作品。这个展览会里充满了"淘气的"新派绘画,使观众对每一件作品都放肆地嘲笑,但马奈却得以名声鹊起,他的《草地上的午餐》成了展览会上轰动的作品。

仲夏之夜酷热难当,莫奈走出他的小屋。他不再贪恋大街上的喧闹与繁荣,静静地在黑暗之中仰望满天星斗,遐思冥想。眼前掠过布丹、琼坎、库尔贝、马奈的一幅幅作品,在他看来,他们的作品和卢浮宫中那些大师们的作品一样,犹如长空中的银河一样辽阔而迷人。

他渴望从中吸取养分,获得创作灵感。他梦想能摆脱一切束缚,充分地发挥自己的个性,走一条完全属于自己的创作道路。年轻的画家仿佛在黑暗中看到了他今后绘画中的云遮雾障下的第一道霞光。既然已是朝霞满天,红彤彤的太阳马上就要喷薄欲出了吧!

● 初试锋芒

1863 年的复活节,莫奈和巴齐依是在舍依度过的,舍依是枫丹白露森林边缘的一个小村子,离巴比松不远。那里有巨大的橡树和奇形怪状的石头,风景优

美。他们经常在户外作画。莫奈为那良好的天气和他开始了的工作羁留着，不肯离去。雷诺阿、西斯莱在格莱尔画室学习结业后，也来到舍依，四个好朋友花了一年的时间，集中精力研究森林。森林无异是一座大课堂，他们有幸偶然在那里遇见了老一辈巴比松画派大师，并从大师们那里受到教益，西斯莱特别为科罗的作品深深感染，雷诺阿动摇在科罗与库尔贝之间，而莫奈则赞美米勒。

他们自觉不自觉地以一种曾经受巴比松画家的表现方法所训练过的眼光来看森林。但他们不同于大师们那样在室外开始一幅作品，然后在画室内完成。

在画室作画，完全不为大自然所分神和诱惑，当然有利于获得好的效果，但是它也会使美术家陷于一种褊狭和虚伪的境地，把印象画出来而不能当场控制住。新的年轻的一代没有忽略这样一个事实。他们认为画家只有愈接近他们的印象，才能保留更多的天然的东西，愈能逃避风格与墨守成规的危险。他们像布丹曾经教莫奈那样，全部在室外作画，一直到完成。

此后，莫奈前往翁弗勒的圣·西米翁农庄和圣·阿列塞等地写生。

他总觉得自己一无所有，总觉得自己曾有过的成就微不足道。他向周围的一切请教，流水、行云、风和光。为了生活的需要，莫奈曾寄给巴齐依三幅油画，以求能够找到买主。但是他的画一幅也没卖出去。

莫奈说他在作画时不去想到任何一个画家，这无疑是真诚的。在他一开始时就表现出非常热心于学习，但他努力不去模仿他自己喜欢的大师而是忠于自己的感受。莫奈从来不怀疑自己的能力，而且他的创作热情不断地高涨。

布丹和琼坎也时常来帮助他，他们就像一双迎向长空的手，要把莫奈缀入银河的星斗。他们完全没有企图改变莫奈的方向，而是想尽力帮助他去发现自己的个性，教他观察方法和技法方面的基本规律。莫奈和他们在一起时感到非常快乐，因为他们对他与其说是像对一个学生，不如说是像对一个同伴。他们尊重他的伟大的感受性和对自由的向往。

这样他便在他们的旁边获得经验，而且更加发奋工作，以求完全控制他的感觉和表现方法。

琼坎是莫奈两个朋友中个性较强的一个，他对莫奈的影响更有决定性的意义。在他看来，每样东西都处于人们的印象中。为了忠于他的印象，琼坎尝试在他的画里去捕捉某一事物在特定环境气氛下所现出的印象。他曾画了两幅巴黎圣母院凸出部的景色。一幅描绘在冬季早晨的银色光线中的景色，一幅描绘在日落时的红色天空下的景色，莫奈不久就跟着琼坎向同一方面前进了。他画了两幅诺曼底的路，一幅是乌云密布，一幅则是白雪皑皑。从这两幅画中，可以看出莫奈在观察物体的本色和形体时，是把气氛条件作为他研究的真正题材。他已朝着对大自然的透彻的了解跨出了具有决定意义的一步。

在艺术的跋涉中，他第一次品尝到了孤独的滋味。

父母不理解他，事业常常遭到嘲笑，朋友们各奔东西。但同时孤独已悄悄地建立了一座乐园,其中活跃着画家清醒的头脑、敏锐的灵智和创作的饥渴。这段时期的幽居独处培育了他独立的人格、广阔的胸怀和坚强的意志。使他不仅在今后的生活中洒脱自如,不为世俗风雨所袭倒,而且也赢得了更大的创作自由——涌自内心的创作自由。

1865 年 1 月,莫奈和巴齐依一起租了一间画室。冬天来临,他们一起参加一些社交活动,年轻人经常围绕音乐、交响乐、绘画、文学方面的问题进行讨论。这些激烈的精神活动过去曾使莫奈为之兴奋,而现在似乎并不能使他产生兴趣。他渴望回到枫丹白露森林里去。他雄心勃勃地准备着一幅描绘户外活动人物的大幅油画,主题类似于马奈所画的《草地上的午餐》。不同的是尽可能在户外进行创作,不仅是把一群闲游者表现在真实的背景之前、自然的光线之中,而且还把他们表现为在日常野餐中,态度和姿势都显得很随便。这幅画太大,实际上不能摆放在森林里,只能根据当场的许多幅习作,再回来加工。在 1865 年 4 月,莫奈回到舍依,寻找一个合适的地点。他终日什么也不想,只挂念着他的画。但不久莫奈的腿部受了伤,

尽管他很烦恼,却不得不躺在床上。看护他的巴齐依知道,他根本无法平静下来。莫奈一能够起床,就怀着新的热情开始工作,但这幅画在 1865 年沙龙开始时仍然没有完成。

由于库尔贝、马奈及巴比松画家们多年顽强的努力,沙龙修改了某些陈腐的条例。规定只有四分之一的评审委员由当

局任命,另四分之三的评审委员由参加画展的美术家来推举。沙龙表现出对新的有才能的人一定程度上的宽宏。莫奈第一次在沙龙展出了他的作品,他展出的两幅画是塞纳河口的风景。因为这次沙龙展览的作品是按字母次序来悬挂,以防徇私,莫奈的作品和马奈的作品挂在同一个展览室里。而莫奈Monet和马奈Manet仅一个字母之差,很容易被混淆。

开幕那天,马奈刚进展览室,几个人迎面走过来为他的海景画的成功而庆贺,马奈感到很惊愕。他研究了那两幅被误认的画之后,起初认为是一个卑鄙的玩笑,后来他认识到这两幅海景比他自己的作品还要成功。这些画不同于学院派画家在室内完成描绘户外景色的方法,而是用自由的笔法,直接从户外写生。

莫奈的作品立刻就获得了关注,他的朋友给予他热情的赞赏。美术评论家保罗曼菲为莫奈的画发表了评论,他写道:"……对于颜色的和谐的审美力、对于明暗层次的感受、令人感动的整体效果、观察事物和吸引观众的大胆手法,这些都是莫奈先生所具备的素质。他的作品《塞纳河口》使我们在经过的时候不得不把脚步停下来,而我们永远不会忘记他,从此我们一定会对这位诚恳的海景画家以后的作品产生兴趣。"对莫奈来说,这突如其来的意外的成功,是一种巨大的精神兴奋剂,如同在深海里的度过漫长岁月的贝牡,终于孕育出光彩夺目的珍珠。

然而,莫奈并没有陶醉在胜利的喜悦之中,他急于赶回舍依去继续进行那幅巨大的油画。

库尔贝一直受到莫奈的敬佩,但莫奈从未在作画时得到他的指教。

莫奈在巴黎获得成功后又回到海岸上作画,这次有布丹和库尔贝相伴。

库尔贝就像一颗明星一般,让莫奈钦佩不已。

但不久,他很快发现这颗明星也有不足之处。库尔贝虽然是反传统的旗手,却仍没有摆脱百年来油画以棕色调为主的束缚。

这种油画上的棕色调,是学院派画家长期热衷于临摹已变了色的古画而在审美上造成的偏见。不论画什么都觉得只有棕色调才是高贵的。但莫奈从不满足不加思考地动用前人现成的经验,他拒绝采用这种古老传统的油画步骤,他宁可使用白色画布,直接呈现出碧绿的草地、明亮的天空和银白的云朵。他能够不考虑预定的效果,而立即着手安排画面的明暗层次。虽然,这种方法使他的视觉想象更为紧张些,也就是在画布还未完全上满颜色的时候,他不能获得画面各部位之间和谐统一的效果,但是他的作品却具有一种轻快生动的面貌,尽管他大部分使用的是厚厚的不透明的油画颜料。由于库尔贝的影响,莫奈也喜欢使用面积很大的画布。

当莫奈在舍依为他的巨型作品《草地上的午餐》作最后润色时,库尔贝来看望他,并时常建议对画面作一些修改。莫奈越来越感到这幅画有太多的库尔贝斧正的痕迹,他后悔没有坚持自己的意见。这幅原本打算参加 1866 年沙龙的作品不能令他满意了,他把它从框子上取下来。他没钱付房租,便把它留在了舍依。回到巴黎不久,莫奈感到心情特别烦躁:他否定了付出很大心血的《草地上的午餐》,却一时找不到在审美上和技巧上更好的突破口。

他陷入了停滞不前的茫然窘境。直到有一天在画廊里,他突然看到一位温文尔雅的年轻姑娘走过来。

莫奈一见她,不禁暗暗吃惊。她长得如此俊俏,浑身上下热情洋溢。她风姿袅娜,眉清目秀,线条匀称,一对明亮的灰蓝色大眼睛忽闪忽闪地十分传神。过去几年,莫奈一直像个苦行僧在深山老林里埋头创作,而这个年轻的女人,顿时把他拉回到尘世生活之中,莫奈的心被牵动了。大自然固然美景迷人,而这个年轻的、集天地灵秀于一体的女人,不也是自然界的一道风景吗?

经过别人介绍,莫奈才知道这位可人儿名叫卡美依。爱情在两个年轻人心中萌发了。卡美依被莫奈的真情所感动,她不顾父母的反对,来到了这个穷画家身边。她像一道阳光照进了莫奈的画室,激起了他感情的波澜,启动了他创作的灵感。莫奈在几天之内一挥而就,画了一幅卡美依的全身大肖像画。

莫奈以大胆的构图、别出心裁的姿态、强烈的色彩对比和深沉的表情,栩栩如生地表现了卡美依的动人形象。

卡美依的动态一反肖像画之常规,采取整个背对观众。衣裙下端朝后拖曳着,还留了一角在画面以外,使人联想到她是从画外刚刚漫步进画中的。衣裙上的黑色、绿色斜线条,加强了向前的动势,造成卡美依向画面深处缓缓走去的趋向。她的手轻轻抬起,回过头来,眼睛若有所思地向画外环顾,这一刹那间的停顿,流露出卡美依细腻复杂的心情。

这幅画和另一幅风景画《枫丹白露森林之路》在 1866 年沙龙上都入选了。莫奈再次获得了成功。

报刊把莫奈的名字带到勒·阿弗尔老家,并且为他赢得了家族的尊敬。

随之而来的是家庭暂时恢复了对他的生活补助。

爱情那天使般的纯洁、春日般的明媚,使莫奈继续全神贯注于他所谓的"对光与色的效果的实验"。

他决定画一些城市风景,在卢浮宫的阳台上,他画了圣日尔曼·俄塞罗瓦教堂和以泛神庙为背景的公主花园这两幅风景画。他把《公主花园》卖给了拉吐虚。拉吐虚有一个小小的颜料店,他的美术家顾客惯于晚上在这里会谈。他偶而也买他们的作品,并把它们放在橱窗里展览。当他向行人展览莫奈的《公主花园》时,杜米埃不耐烦地叫他把这个"可怕的东西"拿出橱窗,而狄阿兹则表现出很热情并预示莫奈会有远大的前途。

马奈也在街上停下来,并鄙视地对一些朋友说:"看看这个年轻人,他企图画'外光'哩!好像古人曾经干过这样的事!"但是莫奈并不在乎别人的看法。他要摒除所有障碍,让外光不再束缚艺术家的个性,而给个性插上飞翔的翅膀,他轻声对自己说:"自由吧!"

他要画一些大幅的画,这次不再像画《草地上的午餐》那样,被迫在室外一部分一部分地画速写,然后回画室完成。这次他要实现完全在户外作画,让画中人物完全暴露在阳光之下。

莫奈在维尔·达弗莱度过了一个夏季。他在花园里掘出了一条壕沟，将大幅油画的下半部放进去，以便他站在地面画上半部。

他用这个方法画了《花园里的女子们》。卡美依为这幅画当模特儿。

1866 年秋天，莫奈又画了《勒·阿弗尔附近海滨的平台》，这幅画不仅广泛地使用了像《花园里的女人们》那样不混合的颜色，他还在各个部分用短而小的笔触，一点一点地画到画布上，以求再现纹路和光的颤动。他曾经用同样的技法来画圣日尔曼·俄塞罗瓦教堂前面栗树的花，把一点一点的树叶同建筑和天空的色彩团块相对照。

通过他的色彩、他的用笔、他的构图，莫奈克服了库尔贝的影响，形成了他自己独特的看法和技巧。他舍弃常规，而赴艰辛，发现了美。或者更确切地说，他不是爬行，而是乘飞船穿过云层，达到指定的地点。

◉《日出·印象》

普法战争结束后，也就是 1871 年，法国流亡的画家们先后回到巴黎。这时法兰西已接受普法战争和巴黎公社的两次洗礼，第三共和国在王朝的废墟上建立起来了。

马奈此时已誉满画坛，西斯莱受生活所迫离开了巴黎，巴齐依不幸在战争中阵亡。莫奈决定远离城市，完全埋头于对天空、田野、江河的观察和描绘中。他在杜比依的邀请下到荷兰旅行,为那里红色风翼的磨坊、平原上广阔的天空、运河中航行的船只,还有那童话般奇异的低于海平面的城市建筑所吸引。所有这些东西都呈现在变化多端的灰色调子里。对于这种调子层次,莫奈是很敏感和喜欢的。

1872 年 1 月,莫奈从荷兰满载而归。

莫奈一回来,便和布丹等人去探望库尔贝。库尔贝受到政府监禁刚从监狱放出来。当时许多熟人为了免受嫌疑不敢与库尔贝接触,而莫奈和布丹,这一情谊诚挚的行动,使库尔贝深受感动。

1872 年沙龙评审委员会纯粹为了政治上的理由,再次把选举权限于那些曾经获得奖章的人。只有丢朗—吕厄对新派画家们的作品表现了与日俱增的兴趣。他大批收购了他们的作品。丢朗—吕厄的关心给了画家们经济上和精神上的支持。

莫奈在塞纳河畔的阿善特依租了一间近水的小屋。

吸引他的是这里幽静的旷野、宽阔的河流,以及那些航行中的船只和如画的桥梁。

莫奈住在阿善特依达六年之久,他发现河水总是和大自然其他因素构成

一个整体,而天空,经常被水面所反映。这些使人入迷的景象成了莫奈艺术灵感的重要源泉。当雷诺阿每次来的时候,他们再次把画架放在相同的风景前面,研究共同的画旨。两人现在都采用逗点式笔触,甚至比他们在拉·格勒鲁依叶作画时所采用的那种还要小。这种笔触能够记录他们所观察到的

每一明暗层次。于是,他们的画面上就盖着一层小圆点和小笔触的颤动的组织。这些小圆点和小笔触再现了树木、草地、屋舍在阳光下的瞬间特质。

大自然成为一种纯粹感觉的直接源泉,而这些细小的点、划,代替了斤斤计较地描绘细部的方法,以它拥有的色彩和生命的丰富性保持着那总的印象。

1873 年,热情和坚韧的丢朗—吕厄准备出版三大卷的巨型目录,印着他收藏的当代绘画精品 300 余幅。其中有德拉克罗瓦、科罗、米勒、库尔贝、卢梭……等老一辈画家们的作品,也有马奈、莫奈、毕沙罗、西斯莱、德加等新进画家们的作品。图录的序言是阿孟·西维士特写的,他是一位批评家,曾经常出入盖尔布瓦咖啡馆,对于青年画家们的生活和艺术有比较深入的了解。这对于莫奈等是很大的鼓励,也仿佛在向社会宣告:一个新画派已经形成了。

在这样的气氛下,莫奈于 1873 年提出一个建议:由他们自己集资举办一个独立联合展览会,与官方的沙龙相抗衡。青年画家们绝大多数同意这个建议。

也有个别平日支持他们的评论家不赞成这个计划,劝他们不要放弃"沙龙"这个可以显身扬名的阵地。但是,毕沙罗等不听这种劝告而坚决支持莫奈的建议。

他们之所以下这么大的决心,主要是由于他们的新画风已经成熟。此外,还有一个实际的原因。

原来法国在战后出乎意外地出现过一个经济繁荣的局面,可是接着在 1874 年又出现经济萧条的局面。丢朗—吕厄等画商被迫停止收购美术作品,这对青年画家们是一个很大的威胁。这种威胁却又成为一种促进力量:他们迫切希望通过一个自办的展览,让大量作品和公众见面,以便打开局面。

1874 年 3 月 25 日,这一具有划时代意义的首届画展在巴黎开幕,借用摄影家纳达在巴黎市中心卡普辛大道 35 号的一套工作室作为展览厅。展览会取名为"无名艺术家、画家、雕塑家和版画家协会"。参加者有莫奈、德加、基约缅、贝特、摩里索、毕沙罗、雷诺阿、西斯莱、布丹等。画展从一开始就宾客盈门,观众们长期看惯官方沙龙的油画,乍看那些画风新颖的作品,大多不很理解,看了后既吃惊又好笑,甚至当场挖苦。

这次画展受到观众前所未有的嘲笑、辱骂和讽刺,官方评论更是肆意的诽谤和奚落。即使有人不完全仇视他们也一度对他们敬而远之。他们把莫奈等这些在新的美学价值方面进行探索的人称做是一批危险而激进的乌合之众,认为他们要阴谋推翻色彩王国中的既定秩序。在此以前,色彩大都是平涂在画布上,产生一种单调晦暗的效果,现在这些革新者竟然想把色彩画成立体的、透明的像水晶球一般。

他们的古典脑袋无法承受,索性给这些蒙受无情打击的画家们安了一个诨名——"印象主义者"。显然这是从莫奈的《日出·印象》引申出来的。

现在我们可以静静地欣赏这幅《日出·印象》了。

这是莫奈在阿尔港口所见日出的景象。在一个多雾的早晨,一轮红日冲出薄雾,冉冉升起。莫奈用活泼、潇洒的笔触,鲜明而富有生气的色彩,捕捉了日出一瞬间的印象。橙红色朝日映红了上半部天空。海水在晨曦的笼罩下，呈现出橙黄或淡紫色。红、橙、淡紫色在天空中互相交错和渗透着，形成了深远的天幕。

水的波浪则由厚薄、长短不一的笔触所组成，水波将天空的反射分割成许多形状大小不同、千变万化的色块。

颇有"一道残阳铺水中，半江瑟瑟半江红"的意境。三只小船在色点组成的雾气中变得模糊不清，船上的人或物依稀能够辨别，还能感到船似在摇曳缓进。

两岸若隐若现的船桅、建筑物和缕缕青烟更加增添了日出的生命力。我们只感到水天一色，光影错杂，大自然的无穷魅力令人欣喜神往。这样大胆地展示雾气交融的景象，对于正统的沙龙学院派艺术家来说，显然是一种叛逆。而莫奈所追求的正是这样一种感觉效果：在这种逼人的感性力量中，传达出画家强烈的感情。就是这幅被视为众矢之的的画，印象派竟由此诞生了。

◉ 奋斗岁月

1875 年，对莫奈来说是个非常困难的年头，1876 年，莫奈等人在画商丢朗—吕厄的鼓励下，举办了第二次印象派展览，这次设在丢朗—吕厄的画廊里。可是参加者已降到 19 人。莫奈送去 18 幅油画。最引人注目的是一幅穿日本锦绣和服的少妇的肖像。这是莫奈为亡妻所作。她发髻高耸，手持折扇,正含笑地侧过身来。这幅画明显受到日本"浮世绘"的影响。此画以 2000 法郎的高价售出。

光顾这次画展的观众比第一次更少。报刊的批评和以前一样粗暴。

画家们的努力再一次地显得徒劳无功。但是,他们的影响所及,在沙龙的官方美术中也能觉察出来。

在官方沙龙中,一些思想开放的画家曾试图用印象主义的新发现去适应公众的陈腐口味。他们发明了一种"混种艺术",一种学院派的构思和一种印象主义手法联合起来。这种画并非为了和自然保持接近,而是想作为一种权宜的方法,给垂死的学院派灌输一种似乎是新生命的东西。但是从这种新发展中没得到好处,反而得到的是痛苦:因为公众的赞许是给予机会主义者们的,而不是给他们的。

第二次画展之后,印象派画家们的影响日益提高,相反,一些内部的纷争却开始严重地威胁着他们的团结。长期的冷遇,使一些画家逐渐对印象主义失去了兴趣。在多年的实践中,他们逐渐形成了各不相同的画风。塞尚决定继续寄送作品给沙龙,他认为印象派画家孜孜以求"闪烁的阳光和流动的大气"都是转瞬即逝的东西,他自己要探索一种新的途径,用稳定不变的绘画因素,表达他对世界的感知。他离开了印象派,在故乡埃克斯,他相信他能最好地献身于自己所选择的事业。而德加,曾受过严格的学院派基础训练,现在越来越讨厌户外作画,他把印象派表现光、色的技巧用来表现室内的人物活动。令莫奈痛心疾首的是,他情同手足的弟兄雷诺阿也认为自己已走到印象主义的尽头。他转而以"线"作为一种锻炼的方法。

尽管有不断的烦恼,1876 年却是莫奈多产的一年。他在蒙许隆住了一些时光,画了一些风景画。

然后逗留在巴黎。那里的圣拉扎尔火车站立刻吸引了他。沉重的火车头发出暗沉沉的水蒸气冲击着巨大停车场的玻璃屋顶,进进出出的列车,人群、蒸汽和澄澈的天空。

所有这一切在他看来都是极不平常的动人的题材。

莫奈不知疲倦地跑遍车站的各个角落进行了大量的写生。机车喷出的水汽在阳光的照射下所呈现出那些变幻莫测的色彩正是莫奈的兴趣所在。他要敏锐而又生气勃勃地着手抓住这地方的特征和它的气氛。然而批评家们却反对画这类东西,他们认为烟雾并不是一个适于绘画的题材。

这种论调令莫奈很生气。于是,他决心一定要画一幅比以前所画过的更强烈的烟雾。那时莫奈几乎赤贫如洗,为了达到他的目的,他穿上自己最好的一身衣服去会见铁路局总监,自我介绍,说明来意,总监居然答应支持他。

为了让他画一幅车站里繁忙热烈的景色,总监通知站上所有的火车停驶,清理了月台甚至责成台上的机车加满了煤,顿时喷出莫奈所期待的浓烟和蒸汽。真是应该感谢总监的热心,他为莫奈创造了极其有利的作画条件,保证了《圣拉查尔火车站》一画的诞生。在1877年印象主义展览会上莫奈展出的30幅画之中仅表现圣拉查尔车站的竟达7幅之多。

1877年,只有18个画家参加了印象主义第三次展览会,但也仍然有少数新的参加者。在丢朗—吕厄画廊的同一条街上租了一套大的展厅，共展出241幅作品。每个画家都交来比以前更多的作品。这次公众似乎比上次的嘲弄少一些了，但报刊仍然竞作笨拙的攻击和轻薄的戏谑，单调地重复它们以前的评论。

现在，印象主义在巴黎完全弄得声名狼藉了。三次失败使不少人失去了信心，连少数几位曾经帮助过他们的朋友也都纷纷离去。

莫奈和雷诺阿的生活更加艰难了，他们只得种些山芋地瓜来权且充饥。这期间也有同情的人向他们伸出援助的手，当时巴黎歌剧院一名男中音歌唱家富尔就热情支持过莫奈，买了他不少画。但对那幅《日出·印象》这位歌唱家却不识货，嫌他的画上没有色彩，要他拿回去重新补上些颜色，遭到莫奈的拒绝。

画家又一次开始了流浪，在马奈的救济下，得以定居在塞纳河畔的维特依，直到1882年。

◉ 最后的奋斗

就在这些年，莫奈的生活有了一个新的转折，1886年，丢朗—吕厄远赴美国，在纽约开了一个叫"巴黎印象派画家与色粉笔画"的展览会，观众如潮，批评家和公众都不抱偏见地观看这次展览。

美国评论家表现出非凡的理解力，他们不作愚蠢的嘲笑，而诚恳地努力去了解。美国艺术家们从展览会上感到了印象派的无比的力量。不久，丢朗—吕厄不仅在巴黎与纽约，而且在欧洲许多国家中组织印象派的展览会。当这些展览会在德国取得辉煌成功的时候,法国公众却仍然还蒙在鼓里。莫奈与雷诺阿的名气得以在国外迅速地传播开来。

1887 年,巴黎的"布索与瓦拉索画店"买下了莫奈后期的全部作品,而且可以毫无困难的高价卖出去。1889 年,莫奈和罗丹两位艺术家联合在乔治·帕蒂陈列馆内组织了一个单独展览。莫奈把自己 25 年辛勤创作的成果,数百幅油画全部拿出来展出。这次展览在这两位艺术家的个人事业中是一个大的转折。莫奈用自己不懈的努力终于征服了法国的公众。

他们的艺术获得了成功。莫奈的经济困境终于得以摆脱,他终于可以从事自己理想的创作了。

莫奈更加强烈地感觉到一种对于孤独生活的渴望,他想找个地方,远离巴黎的繁华与喧闹,骚扰与纷争。他只想沿着自己的道路前进,不再理会别人的意见。他和他的第二任妻子艾丽丝·奥雪德,一位已离异的收藏家的妻子一起生活。他带着两个儿子和艾丽丝·奥雪德的 6 个孩子一起移居到离巴黎约有一小时公共汽车路程的吉维尔尼村,在那里度过了他以后 40 多年的艺术生涯。

吉维尔尼村位于塞纳河东岸,埃普特河的汇合处,村庄依山傍水。

那里山谷幽深,树木成荫。村的一边邻近公路,另一端和近省城的小铁路相连。莫奈兴致极好,他对这里的一切挺满意。经过筹划,莫奈租下了一块带有一个果树园、一个菜圃的庭院。莫奈的经济状况本来不甚宽裕,加上不把佣人计算在内的十口之家,不得不尽量卖画。莫奈在那里创作十分勤奋,从炎炎夏日到阴冷的严冬，从不知休息。

在吉维尔尼，莫奈专心从生活里取材作画，他没有讲究的画室。他在一个像牛棚似的建筑物里摆好了画架画布，室内地面没有地板，不过是泥土而已，再就是安装了一个大门，他也从来不在室内进行任何装饰，这就是他的画室。他经常吸着烟斗，面对着他的作品仔细端详，试图从中分析它们存在的缺点和哪怕是一点小毛病。他的朋友经常来看望他。在这个简陋的画室中，他们看到年已半百的老莫奈仍然有一双清澈的灰眼睛，在突出的下巴上，一撮金黄色的胡须倔犟向前。

他曾历经艰险，却仍流露出坦率的热情，那些忠诚而简短的只言片语，清澈如井水，时而生硬，时而悲哀，时而又充满激情。

虽然莫奈可以到处写生，但并不能永久畅通无阻。

当他 50 岁左右的时候，地方上索取通行税，对这位爱好漫游的画家所索取的大量"买路钱"迫使他不得不改变作画的方式。况且他还要负担全家十口人沉重的经济开支。他开始把自己限制在同一地点进行不同时间的多次写生，以这种别具一格的组画代替过去一幅一个题材的写生。

1888 年收割后的一天，莫奈正在屋旁画麦垛时他突然体验到令人惊叹的、奇迹般的一刹那灵感，光线在变化，他忙叫他的继女给他拿来另外的画布，根据光线的变化，一张一张连续进行。他发现那一瞬间光的效果保持的时间非常短暂，紧接着又是另一瞬间的感觉。

他采取通过多幅油画,一幅一幅地去表现每一瞬间不同的光的效果和印象。当他全力以赴画这些事物时,他往往对周围的事物视而不见,听而不闻。莫奈一连画了几十幅麦垛。他为人类创造了举世无双的第一组划时代的杰作。

如果说传统的绘画基础是建立在明暗对比的基础上的话,那么莫奈的绘画基础则是建立在瞬间感觉到的色彩的基础上的。在《夕阳下的麦垛》一画中,渗透了莫奈对大自然炽热的感情和敏锐的观察力。我们可以看到在麦垛尖顶呈现混合的紫色调子,和错综复杂的笔触所组成的黄色调子形成了鲜明的对比。画面上日落的光线照射在两面粗糙的麦垛上,断断续续的笔触、明亮的色彩形成了麦垛边缘的发光的感觉。

整个画面布满了绚丽多彩跳跃的笔触,麦垛下半部笼罩着一片丰富的暖红色,整个画面强烈光感的气氛显示出巨大的生命力。虽然,莫奈极力造成麦垛发光的效果,但他并没有忽视麦垛对于吉维尔尼农民的意义——它不单是一堆草,还是谷物的同义词。这是他们劳动的成果。

但莫奈艺术中诗的意境和含义却往往被公众所忽视。尽管莫奈一再重复同一主题处在不同季节和一天不同的时间里,然而他并不因此而把作品降低为单纯地去记录现象。在他看来,这些麦垛对人们生活的记载恰似大自然这位诚实的见证人。在青年和黎明的朝霞、成年和中午的烈日、晚年和日落西山之间无不包含着深刻的生命的哲理。

莫奈用画《夕阳下的麦垛》的同样方法画了一组《白杨树》,这几棵白杨在吉维尔尼村东西不到两英里的利梅兹池塘边上。在绘制的过程中,有几棵白杨已被卖掉了,画家不得不先付些钱给柴商,请他们暂时不要砍倒这些树。莫奈的这些组画获得了巨大的成功,1891 年在丢朗—吕厄画店展出时,所有他画的《夕阳下的麦垛》,在展览会开幕后三天内,以 3000 法郎到 4000 法郎之间的价格全部售出。

这些画的出现并不都是一帆风顺的,尽管莫奈的性格基本上是温和的,但他也会偶尔大发雷霆。其原因往往是由于力不从心,或是天气变化无常。莫奈不论在大雪纷飞或在风吹雨淋之下,终日奔波劳碌,勤奋作画。文学家莫泊桑多次陪他一起出外写生。每当下雪天,莫奈在冰天雪地里写生,不仅要禁得住严寒的袭击,而且要使冻僵的手和凝结的颜色听从指挥是不可想象的,他常因不能得心应手而烦恼,在田野里徘徊不已,但却仍保持着乐观的战斗精神。在这种情况下,他的家人只好站在暴风雪里等待他回家。

1892 年开始,莫奈在几年之后,专心描绘对面的鲁昂大教堂的正门,捕捉从早到晚,光线投射在墙壁上所形成的光色斑点。他有时把画架放在鲁昂时钟大街一角的一幢房子里,有时就干脆架在大桥的马路上含着深刻的生命的哲理。

他以极大的热情画了近 40 幅同一角度的鲁昂大教堂,没有地面也很少天空。他以无与伦比的绝技,用颜色冲破具体结构的界线,用交错、对比的手法将特定时间里千变万化的光与色的感觉升华为一种艺术的感情。庄严的哥特式教堂在他的眼里成了一簇充满了色彩旋律的光的结晶,人们已经看不到建筑物本身的结构,只有一层刺眼的复杂的反射光。

1895 年莫奈展出 20 幅《鲁昂大教堂》的油画,遭到了不少的抨击,但也有一些理论家对这些画表示出狂热的爱好和称赞。

1890 年 11 月,莫奈的经济状况好转,他把所租的房子连同院子一起买了下来。1892 年,他还建造了一个温室花园栽花。1893 年 2 月,莫奈又买下一块离住宅不远的地基,目的是为了从河里引进水来开掘池塘,这个计划由于当地人的反对,费了不少周折,后来总算如愿以偿。

晚年的莫奈把整个身心都投在这个池塘和满塘的睡莲上面,睡莲成了他描绘的主题,这种感情已超出他对待一切其他事物了。

也许是受到他的餐厅里一幅日本版画的影响,莫奈在池塘上面建造了一座日本式拱桥。1900 年底,莫奈在丢朗—吕厄的画廊里初次展出了《睡莲》的连作,共 13 幅,年代标着从 1899 年到 1900 年,画上睡莲若隐若现,浮在水面延绵不绝,那座日本式拱桥在他的画上已被覆盖着青藤,池岸的背景是一片翠绿。

1901 年春,他又买下水池南面沿河岸的一块土地,此时莫奈已成为世界的知名人物,围绕着他的是无数钦佩他的人。法兰西美术学院也给他留了一席荣誉位置,但他都不予以理睬。在莫奈看来,如果对绘画的爱不能高于一切,就当不了画家。记者们在报刊上用大幅照片介绍了吉维尼尔花园和《睡莲》。其结果是招致许多慕名而来的巴黎绅士们,还有川流不息的美国画家们无不到此一游,但这对莫奈来说简直是个灾难。1903 年,池塘里布满了睡莲,莫奈集中精力开始画这些漂浮着的睡莲。大多数的画面都只画有水,甚至河岸也看不到。但那里的细部,包括天空都反映在水中。他所表现的水看起来格外深沉,水的质感也很强。当他 60 岁的时候,他的作品在世界范围已享有盛名。1909 年 5 月,巴黎的公众终于再一次在丢朗—吕厄的画廊里看到了他的 48 幅《睡莲》水景连作,人人为之拍手叫绝。

1911 年 5 月,一次非同小可的打击向莫奈袭来,他的第二个妻子艾丽丝去世了。紧接着,于 1912 年 7 月,医生确诊他的右眼患了退化性白内障。经延缓症状的治疗后,莫奈开始了他那悲剧性的生命斗争时期。

1923 年,医生为莫奈的右眼做了两次手术,可悲的是不论采用什么治疗方法,画家都无法恢复到正常人的颜色感觉,1924 年,莫奈绘画时只能凭颜料锡管上所标的字母来辨别颜色,他作画时常常把眼睛凑得很近。

在莫奈顽强地画完最后一块画板交给一位始终热情鼓励他,后来又担任法国总理的朋友克列孟梭观看时,这位总理噙着热泪对他说:"你是一位非常出色的画家,即使在你视力有缺陷的情况下,也成功地达到了你的视觉所达到的那些和谐。"

第二年冬天,莫奈不幸患气管炎,这使他非常痛苦,他已经画得筋疲力竭,由于不满意自己的作品,他毁掉了整整 60 幅画。缺乏应有的休息,可怕的消瘦,体力衰竭,严重地威胁着画家的生命。

10 月 4 日他还说:"我已鼓起勇气,而且不顾我的虚弱要回去画画……"

然而,死亡是无情的,1926 年 12 月 5 日,莫奈在坚持自己的艺术信念的最后一刻离开了人间,享年 87 岁。遵照死者的遗愿,葬礼用的是非宗教形式,既没有钟声,也不做祈祷,这就是这位不信神的艺术家一生默默的结束。

第四章

全能天才达·芬奇

◉ *初出茅庐*

15世纪文艺复兴时期,意大利著名城市佛罗伦萨西边约20里的地方,有个芬奇镇,镇上有个身材伟岸相貌堂堂的公证人,他名叫彼埃罗·达·芬奇。他就是达·芬奇的父亲。这位生活颇为富有身体强壮如公牛的小镇公证人,常常出入一些农家田舍,是一位严肃又浪漫的非洲男子。

不久,彼埃罗和一个叫卡德琳娜的农村姑娘不知不觉地热恋并同居,正在这对恋人相亲相爱、难舍难分之际,彼埃罗的父亲知道了。他坚决反对儿子的这桩荒唐的婚姻,立刻命令彼埃罗回到佛罗伦萨,彼埃罗虽然挚爱着这位乡村女子,但拗不过顽固的父亲,只好俯首听命。当年的冬天,他就给彼埃罗娶了个相貌平平,但温柔的富家小姐为妻。

可是,卡德琳娜腹中已经有了彼埃罗的骨血。1452年4月15日,孩子降生了。卡德琳娜忧忿交加,分娩之后差一点丧命。她没有奶水,只好租赁了一只母山羊来给婴儿喂奶。

彼埃罗对卡德琳娜爱莫能助,最后要求父亲,把孩子收留在家中养育。父亲答应了他。彼埃罗和卡德琳娜的私生子就是列奥纳多·达·芬奇。他被收养在祖父的田庄中。

小达·芬奇并不喜欢听严厉的祖父喋喋不休地说教。后妈温柔善良,把母爱全给了小达·芬奇。慈祥的老祖母更是对他宠爱有加。

7岁时,他被送到附近的小学堂读书,但是,他对课堂上那些枯燥的拉丁文不大感兴趣。他的孩童时代的数不尽的天真与好奇心,只有在芬奇镇外的美丽的大自然中,才能得到满足。

达·芬奇时常一清早就从家出来,在上课之前,他躺在山谷的草地上,出神地注目于从平地飞起的山雀,或是在他头顶盘旋的鹳鸟,他在想象着它们飞翔的奥秘。有时,他小心剥开一朵花萼,想看看里面微妙的构造,在那些长满细丝的含蜜的粉房和雌蕊之间,寻找植物生殖的秘密。

当祖父有事在城里暂住不能回家时,达·芬奇更像一匹脱缰的野马,整天在山上游玩。他攀登悬崖,涉足奇洞,沿着无人知道的唯有山羊走过的山径前进,直到山的尖峰。从这里,他可以眺望阿尔卑斯山的雪峰,在天高气爽时,还能看到雾蓝色的地中海海水。

他每次外出游玩,都带回一些奇形怪状的小动物或奇花异草,日后经常观察,描绘。

随着时光流逝,日积月累,他画的东西渐渐有了一点画意,因此,乡亲邻里都叫他"小画家"。

一天,山镇里来了个佛罗伦萨的建筑师,据说是大建筑师阿尔伯蒂的徒弟,他要在芬奇镇附近修一座大别墅。此后,达·芬奇放学之后经常去那里,他对工人们的各种活都想看个究竟:筑墙、砌石、用机器把石头升上去,等等。建筑师一次偶然与这孩子闲谈,便发现他有惊人的理解力,于是他便教他算术、几何、代数和力学的基本知识。达·芬奇很轻松地掌握了这些知识。

光阴似箭,达·芬奇在山镇里度过了 13 岁的生日。他的父亲彼埃罗决定把他带到佛罗伦萨城里去。

因为,他想让孩子受到更好的教育。从此以后,达·芬奇就很少回到芬奇镇了。

那时,在佛罗伦萨住着很多知名的人物,其中一位是父亲的朋友,他就是数学家、物理学家、博物学家兼天文学家保罗·达·波佐·托斯堪涅里。

达·芬奇拜他为师,学习物理、数学和天文学方面的知识。

夏天的夜晚,他们经常在佛罗伦萨郊外小山上的守林人的小屋里,观察宇宙和自然的奇异现象,探究自然法则和规律。保罗发现他的学生是位数学天才。

达·芬奇也渐渐地明白了,知识是一种多么伟大的力量,他从此立下了探索知识造福人类的宏愿。

不过,达·芬奇从来未曾放弃自己心爱的绘画与雕刻。有一天,芬奇镇上的一位邻居来了,他要装饰屋子,于是让彼埃罗请达·芬奇在他的一块木板上画点东西。达·芬奇答应了父亲。

普通的装饰上常常画些寓言式的图画或题几句铭辞。达·

芬奇决定把希腊神话中的女妖梅杜莎的头像作为木板上画面的构思素材,于是他花费了一个多月的时间,利用收集的各种动物,综合各个动物的特点,从中选出各种不同的身体部分,拼凑起来再放大,画出一个似真似幻的可怕的怪物。

画好之后,达·芬奇将画安在架子上,四围用黑布围绕着,他请来了父亲彼埃罗,门窗紧闭,只让一束光线正射在画面上。彼埃罗进屋一看,只见一个怪物似乎正在大口地吐着臭气,眼睛喷着火,鼻孔生烟,那长着鳞片、黝黑而光滑的肚皮正在地面上擦过,向他爬了过来。他不由得大叫一声,直往后退。

达·芬奇看到父亲的表情,兴奋地说:"这幅画已达到目的了。它应该产生这样的效果,请您拿去吧,已经画好了。"

这幅画深深地打动了彼埃罗的心。他觉得他的儿子有不凡的才能。于是,彼埃罗把达·芬奇的素描拿给他的朋友委罗基奥去看。委罗基奥是当时著名的画家兼雕刻家。

委罗基奥看了达·芬奇的习作后非常惊讶,认为达·芬奇在绘画方面将大有作为,并爽快地答应收达·芬奇为徒弟。从此,14岁的达·芬奇便成了委罗基奥的入室弟子,开始系统地学习造型艺术。

委罗基奥的工作室是当时佛罗伦萨最先进的工作室之一,委罗基奥不仅是一个多才多艺的艺术大师,同时对数学、天文学等自然科学也有浓厚的兴趣。

达·芬奇来到他的画室之后,他首先严格要求达·芬奇练习基本功，他教达·芬奇的第一课就是画鸡蛋，达·芬奇每天拿着鸡蛋，一丝不苟地照着画，时间一天天过去，达·芬奇每天还是画鸡蛋。有一天，他终于忍不住问老师，什么时候才能画完。

委罗基奥告诉达·芬奇："这小小的鸡蛋可不简单，在千个鸡蛋里面，从来没有两只形状完全相同的。即使是同一个鸡蛋。只要观察的角度不同，照射的光线不同，它的形状也不同。我让你多画蛋，就是为了训练你的观察和把握形象的能力，使你能随心所欲地表现一切事物，手脑并用，这样才能把画学好。"

达·芬奇茅塞顿开，继续勤奋地苦练基本功。通过画鸡蛋的练习，达·芬奇创造了一种被人称之为"薄雾法"的绘画技巧。

在达·芬奇的笔下，人物的骨骼、肌肉都非常结实，可是，周围的轮廓却常常消失在若有若无之间，使人好像笼罩在一层薄雾里。

达·芬奇在委罗基奥工作室里如鱼得水。因为这里的学习除了他所喜欢的素描外，还有一切与绘画有关的其他科学知识，他在这里不仅学习素描、绘画和雕刻，同时还致力于科学研究，学到了很多科学技术方面的知识。他还结识了一大批知名度很高的人文主义学者、艺术学家和科学家，接受了当时最先进的人文主义思想。这些都对他日后的艺术创作和科学研究产生了重大影响。

达·芬奇也可谓不鸣则已，一鸣惊人。1472 年，20 岁的达·芬奇的名字已被记入佛罗伦萨画家行会的"红簿子"上，被画家行会吸收为会员。

　　这标志着他已具备独立工作的能力,可以自立画坊,招收徒弟,对外营业了。但达·芬奇仍旧在委罗基奥的工作室为他的老师当助手,继续帮助他的老师工作到 1476 年。

　　大约在 1476 年的某一天,委罗基奥在画"基督受洗"的祭坛画,他特别高兴,对达·芬奇说:"你能在我这画上画一个天使吗?"达·芬奇答应了一声,便接过画笔,在画稿的左边画了一个披着衣服的天使。

　　委罗基奥发现,他正在暗中摸索的模糊感觉到的东西,已经被达·芬奇在画上表现出来了。他把天使画得神态活泼、自然、生动而又典雅,脸部表情柔和逼真,蓬松垂下的卷发,宛如阳光射透一般。

　　委罗基奥见了,惊赞不已。据说他从此以后,便搁笔不画,专门从事雕刻艺术了。但师徒二人从未产生敌意,终生维护着他们建立起来的友谊。

◉ 来到米兰

　　达·芬奇在委罗基奥的画室里渐渐显露了他超人的绘画天赋。达·芬奇渐渐远扬的声誉,以及他与委罗基奥非同寻常的友谊,在委罗基奥画室的同事中引起了一些人的不满。其中一个竟投了匿名状,控告达·芬奇与老师委罗基奥犯有同性恋罪。这种诬告,会使好多人将信将疑。因为年轻的达·芬奇是佛罗伦萨里最美的少年之一,而他又远离姑娘们,从来不向她们献殷勤。

达·芬奇认为,一个画家的灵魂必须像一面镜子,她反映一切:一切物象、一切运动、一切颜色。但她自身却是不动的和明亮的。而灵魂最澄清的时候就是孤寂。如果你是单独一个人,你是完全属于你自己的;如果你和一个伙伴在一起,那你只有一半属于自己,或者更少些;如果朋友更多,那就更加倒霉。艺术家的强处,就在于他处于孤寂里面。所以,达·芬奇为了献身绘画,决定终生不娶,对所有女色敬而远之。诬告很快被澄清了,然而达·芬奇不觉得轻松。

因为已经有人传说他有"异端的思想",说他"不信上帝"了。如果这一点被证实,他就会被处以火刑。佛罗伦萨的生活,让他一天也不能愉快。这一年,他离开了委罗基奥的画室。

父亲彼埃罗为他在罗伦索·
美第奇的官邸中找到一份工作。
但是,达·芬奇不会去逢迎罗伦
索。罗伦索需要他的下属对他
进行很高超然而也很无聊的奉
承。他不能容忍太勇敢、太自由
的人。同时,达·芬奇与他的宫
廷艺术氛围也显得格格不入。
达·芬奇在那里只有被冷落的份儿。他度日如年,甚至想到叙利亚去当总督的宫廷建筑师,尽管这样做是要脱离基督教而改信伊斯兰教的。只要能离开佛罗伦萨,达·芬奇觉得上哪儿干什么都行。

终于,来了机会。达·芬奇在这期间发明了一种乐器,式样新奇,形如马头,大部分用白银铸成,乐声极其清亮优美。

罗伦索本来喜爱音乐,他立即喜欢上了这个怪异的琴式和琴音。他要发明这乐器的人亲身到米兰走一趟,亲自演奏并将这乐器献给米兰公爵洛多维柯·斯福查。

达·芬奇觉得这是离开佛罗伦萨的好机会。于是。他立即给公爵写了一封信,毛遂自荐。他认为斯福查有力量能统一全意大利,因此,他在信中首先介绍了自己的独具发明的才能。

他说他能建造轻而耐火的桥梁;能无须炮轰即可毁坏一切非建筑在岩石上的要塞和堡砦;能在壕沟和江河底下迅速并无声地挖掘地道;能建筑蒙甲的战车,冲入敌阵时敌人无法阻止;能建筑很美观而合用的新形式的大炮;能制造围城用的冲城机、巨大的投石机,海战用的能抵御铁石攻击的船,以及各种发挥神奇效力的进攻和防守武器。当然,除了战争和军事,达·芬奇还历数了他的其他才能。

他自己写道:

"在和平的时候,我希望做个建筑师,替殿下办事,我将建筑私人的和公家的房屋,挖掘运河和设立水道。

"雕塑大理石、黄铜和陶土的艺术,以及绘画,凡有委托,我也能做,不下于其他的人。铸一尊青铜骑马像以纪念殿下尊人老公爵及四方闻名的斯福查家族,我也能承办。

"殿下若以为上面列举的种种发明似乎难以相信,则我愿意做个试验,或在大宫花园内或在殿下指定的其他地方。我愿做殿下最恭顺的仆人——列奥纳多·达·芬奇。"

后人曾评价达·芬奇这封信,"不是出自一位天才,便是出自一个疯子"。

1482 年,30 岁的达·芬奇背起行囊,离开了佛罗伦萨,前往米兰。米兰公爵斯福查没有把他送进疯人院,而是把他留在宫廷里任职。

达·芬奇多方面的卓绝的才能，在这里得到了充分发挥。他主持各种娱乐、创作音乐、绘制舞台背景，设计服装道具，导演戏剧，甚至扮演主角，登台表演。他既是军事工程师、建筑师，又是艺术家、宫廷音乐师。然而这些只是他极为次要的一些工作。

达·芬奇刚到米兰，就着手为公爵之父弗朗西斯果·斯福查制作骑马巨像。

弗朗西斯果·斯福查的父亲是个有名的佣兵头领，他英勇善战，足智多谋，打了不少胜仗，在米兰原大公死后，走上了统治地位。

弗朗西斯果继承他父亲的地位后，势力更加雄厚。战无不胜，人们称他为"战争之父"。后来他娶了米兰公爵维士孔蒈家菲力浦·马利亚的女儿。

在 1447 年，米兰和威尼斯发生战争时，公爵死了，弗朗西斯果带着部下佣兵打败了威尼斯军队，随后他立刻与威尼斯媾和。1450 年回到米兰自己做起公爵。弗朗西斯果死后，权力移给了他的儿子洛多维柯·斯福查继承公爵。

为了这座纪念碑式的"骑马巨像"的雕塑，达·芬奇断断续续制作达十年之久。从 15 世纪 80 年代的早期，达·芬奇就制作了若干草图，他在马是举足跃腾还是稳步前进的姿态上举棋不定。到了 90 年代，在翻铸模型的草图上，达·芬奇才确定了稳步前进的姿态。

1490 年,达·芬奇完成了高达七米的与真人大小相等的泥塑构图。它比当时那太罗和委罗基奥的骑马雕像要高出一半以上,被人称为"世界第八大奇观",得到同时代人众口一词的崇高评价。

达·芬奇把这个泥塑构图安放在公爵城堡中的一个院落里。但铸铜像时需要 80 吨铜。可惜还没有来得及铸铜。1499 年,法国军队占领米兰,准备用于翻制的青铜被迫全部用做制大炮。而那件泥塑构图则在意大利人欣喜地谈论和观望了几年后,被 1499 年入侵的法军当作箭靶使用了数日,随后的暴雨和霜冻肢解了它,最终什么也没留下。

当时的米兰,经济也很发达,冶金技术和水利工程在全意大利是属于一流的。达·芬奇仔细研究了米兰的冶金技术,实地考察和研究了伦巴底的水利工程建设。他常常带领学生们去拜访巴费亚学院的教授们,并和米兰的学者们进行广泛的交流和讨论。他曾向斯福查公爵提出系统的方案,来开掘"斯福查运河"。运河开成之后,广阔的伦巴底平原,从摩塔拉直到亚毕亚特格拉索,河渠纵横交错,土肥水美,物产丰富,如同人间的乐园一般。

1484 年到 1486 年间,米兰发生了瘟疫,很多人染疾毙命,活着的人心惶惶,朝不保夕。

一天,达·芬奇见到公爵,他送上一张草图,公爵见上面画着一个具有双层街道的城市图案。房屋的下边,还有好多管子和沟渠流着污秽的水。

"这不错,"公爵说,"你认为真能够建筑这样一个城市么?"

"能够的,"达·芬奇说,"我好久以来就梦想着,殿下也许会来尝试一下,至少在米兰郊外建筑这样一个城市,5000

个房屋给 3 万人居住。现在人群拥挤在一起,吸的是恶浊的空气,饮的是污秽的水,传播着瘟疫和死亡的一切种子。这样的城市时常要受到瘟疫和死亡的威胁。可是新城就会疏散一点,舒适一点,也更清洁一点。殿下有意实现我的计划么?那将是世界上最美丽的城市……"公爵脸上浮现出一丝微笑:"你是个怪人,列奥纳多先生!我相信,若是让你放开手去做,你不知道会把这个国家变成什么样子。"

◉ 《最后的晚餐》

在斯福查公爵的宫廷里,作为艺术家的达·芬奇,创作了《岩间圣母》和《最后的晚餐》这两幅美术史上著名的杰作,奠定了他在美术史上不朽的地位。

《岩间圣母》是达·芬奇受委托而于 1483—1490 年完成的祭坛画。画中的圣母马利亚完全像一位普通的慈祥的母亲,她坐在那里,用亲切的目光,和蔼的微笑抚慰着自己的孩子们。

她的右边是小约翰——施洗者,左边是小耶稣和一个天使。幼小的约翰和小耶稣也嬉戏玩耍。小约翰模仿着大人施礼揖拜的动作,小耶稣伸出一个指头好像正向小约翰"咿咿呀呀"地说些什么。

圣母用右手挽着小约翰,用左手遮在小耶稣的头上,好像要把这人和神在爱中结合起来,耶稣旁边的天使,用手扶持着小救世主,另一只手指着小约翰,面带一种温柔、奇异的微笑,其中充满了痛苦的预感。她的音容姿态,显得美丽绝伦。圣母的母爱不仅从她的手势上表达出来,而且也从内心世界深刻的全神贯注上,从精神感受的高度集中上表达出来。她的手势似乎同时既为她的孩子祝福,又在保护她的孩子。

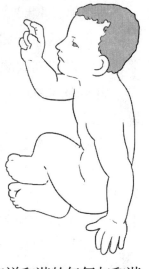

小耶稣裸体坐在地上,一条小腿叠在另一条之上,一只小手张开撑在地面。看样子他还不会走路,只能在地上爬。可是,他的脸上已经完全现出超人的大智,同时又有孩子的天真。画中诸人之间的关系和世俗的亲情关系一样动人,就像是人间一个美满幸福的家庭。

达·芬奇在自己的作品中,把高不可攀、可望而不可及的"神"拉到凡间,成了亲切、生动的人,人与自然景物浑然一体,安详和谐的气氛与和谐静谧的自然景色令人神往,很自然地使人们想到温馨、甜美的家庭生活,圣母和耶稣就是这家庭中的一员……

然而这幅画却遭到委托者的非难。他们以圣母母子头上没有圣光,约翰没有十字架,天使无神翼为由,拒绝付款。并对达·芬奇提起诉讼。讼事纠缠达 20 年之久。直到 1505 年与 1508 年之间,达·芬奇的弟子阿姆勃罗乔·德·波列迪斯在达·芬奇的直接指导下,完成了《岩间圣母》的复制画,在圣母、耶稣的头上加了光圈,给约翰加了十字架,让天使长上了翅膀,把这幅画交给了委托人,官司才算了结。但这幅画对于其摹本来说,可谓差之千里,望尘莫及。

1495 年,达·芬奇接受了米兰对马利亚·戴列·格拉契修道院的订约,开始制作后来闻名于世的不朽之作《最后的晚餐》。

这幅画取材于《圣经》新约全书马太福音第二十六章"设立圣餐"一节。故事讲的是,在逾越节那天晚上,耶稣预先知道他的死期快到,和他的 12 个门徒举行最后一次晚餐。

吃饭时,耶稣忽然说:"你们当中有一人出卖了我。"门徒们听到这句话非常震惊,每一个人都问他说:"主,是我么?"耶稣回答说:"同我蘸手在盘子里的,就是他要出卖我。"

出卖耶稣的犹大问他:"拉比,是我么?"耶稣回答说:"你说的是。"

达·芬奇接受了这件订件之后,一方面细心地研究前人的作品,另一方面进入了复杂的构思中。他按照习惯的创作程序,研究并搜集有关材料,进行一系列的速写、素描和草稿的准备工作。

达·芬奇画了无数草图,详细地确定每一个人物的身份、年龄、性格和经历,寻找适合于他想象中的对象。然后再进入对这些人物各不相同的姿势、动作、手势和面部表情的勾画。

同时,他还在笔记中记下了他对画中人物设计的许多想法。他孜孜不倦地探索着每一个登场人物的最佳形象及其特征。

达·芬奇意识到他将创造出一幅举世无双的艺术杰作,他要把他的作品永久留给后世。因此,在正式动画笔之前,他对墙面做了特别处理。他先用掺和杜松漆和干燥油的黏土涂上,然后再涂一层孔香、柏油和石膏。为了防止潮湿的空气的侵蚀,他没有使用一般人们在壁上画画的"水色",自己发明了一种"油色"。

有人警告他,油色画在潮湿的墙上,是不会持久的。

但达·芬奇对此没有理会,相反,他更加坚定。他有一种开拓创新的特有的热情。

清晨,太阳刚露出头角的时候,达·芬奇就起身,稍稍进食后,就去修道院的餐厅里。他整天都在画中漫游,直到天黑,画笔没有离开他的手。但画了几天后,在一个或两个星期内,他连画笔也不碰一下。

然而,他每天总要在这图画面前木架上站两三个钟头,观察、审查他所画过的东西。有时候,在中午最热的时候,他忽然推开自己手边的工作,匆匆忙忙穿过寂静的街巷,像是被一种无形的力量追逐一般奔往修道院。攀上木架画了两笔或三笔,又走开了。

在画中所有的人物中,最难画的是基督和犹大。

为了寻找模特儿,达·芬奇常在人群拥挤的大街上观察。每当发现一个长相特殊的人,他就整天跟在那人后面,观察他,并努力记下他的长相和特征。

无论如何,画中的每个人物都是作者观察了大量生活中的人物形象之后概括而成的。为创作这幅杰作,达·芬奇付出了辛勤的汗水和艰辛的劳动。

1498 年,《最后的晚餐》终于完成了。这幅画了四个年头的壁画,实际上是达·芬奇数十年艰苦探索的结晶,从他在 1478 年就构思的草图来看,就已经苦心探索了 20 年。然而,数十年的心血没有白费。它的问世立即震惊了那个时代的所有艺术家。

◉ 重返故里

　　1499 年 7 月底，法兰西国王路易十二派遣他的大军，越过阿尔卑斯山，向伦巴底入侵。9 月，米兰被法军占领。斯福查公爵逃出米兰。次年初，米兰市民起义，赶走了法国人。斯福查公爵于 1500 年 2 月又回到米兰。

　　但好景不长，不久路易十二的大军又一次兵临城下。两军对垒，还未开战，斯福查公爵的军队便投降了。公爵化装成修士打算逃跑，但被人出卖，成了法兰西国王路易十二的俘虏。八年之后，死于监禁的塔中。达·芬奇在 1499 年底离开米兰城，去郊外的瓦卜里奥村他的朋友家避难。他在开凿斯福查运河期间到过这里，并非常喜欢这个美丽的地方。

　　达·芬奇在这个风光奇丽的山村，仿佛又回到童年时代的芬奇镇。他常常陶醉在奇妙美丽的大自然中乐而忘返。初春时节，万木复苏。达·芬奇整天在主人别墅园圃里，或是在附近的树林中，观察绿色生命如何觉醒过来。他观察一株树、一朵花的独特的个性。这样，在他的笔下，每一种花草都如同一幅肖像，表现了它本身的绝无仅有的特殊性。达·芬奇看到，大自然一切都是充满生命的。宇宙就是大的有机体，而人类机体也就是小的宇宙。这个古希腊时代哲人提出的宇宙观，被他更深切地体验到了。

在天文学领域中,通过他自己长期的观察证实了与哥白尼的"日心说"相似的结论——太阳是不动的。

这在当时是大逆不道的理论。他又是个杰出的气象学家。在观察大气层时,发现空气有可见的厚度,并因此创造了绘画中的"空气远近法"——物体愈远就愈深地隐入到淡蓝色的气雾之中,这就类似我们正面观察洁净的玻璃,往往以为它总是无色透明的,但是,如果从侧面观察时,就会发现它是淡绿色的。

无色的玻璃如加厚也会呈现淡绿色,所以,万里无云的晴空是湛蓝色的。远山的剪影也是蓝色的。如果这远山上长满了红叶,那就应该是淡红色加上淡蓝色成了淡紫色,依此类推,得出山上的树叶更有橙、黄、灰等色,天上的云霞又有金、红、紫、灰等色,当它们互相辉映时,人们就会发现自然界的颜色是五彩缤纷、千变万化的。

达·芬奇也曾涉足生物和物理领域。他从鸟儿的飞翔联想到,空气应该像水一样具有一定的浮力,他根据这个道理设计出了很多飞行器。他像地质学家一样地观察岩石,又以植物学家的

眼光去研究树木,并画出过精细的岩石和植物标本图解。在达·芬奇的笔下,这些图解都带有很高的艺术性。

随着米兰被法国军队的二次占领,米兰的近郊也渐渐不能安宁了。法国人、德国雇佣兵、威尼斯人开始劫掠村民,小帮土匪也不断出现。达·芬奇在瓦卜里奥村住不下去了。于

是他启程前往威尼斯。

途经曼都亚时,为曼都亚的伯爵夫人伊莎贝拉·达·埃斯蒂画了幅素描肖像。伊莎贝拉是米兰公爵斯福查夫人贝特丽采的姐姐,她曾多次写信要达·芬奇给她画肖像和其他宗教题材的作品。不久,达·芬奇回到了故乡佛罗伦萨。

17年变迁,故城已非旧模样。昔日的楼宅不见了。小酒店如今变成了银行事务所。街上也逐渐繁华。

回来不久,达·芬奇就接到佛罗伦萨的圣安伦齐亚塔修道院的订画。他很快作出了《圣安娜》的画稿。这是一幅描绘圣安娜、马利亚、耶稣和施洗约翰相聚玩乐的画。画面的背景是一个幽静的山中牧场,马利亚和耶稣分别坐在圣安娜的腿上。圣安娜怀抱着耶稣,面对着马利亚。马利亚似乎正注视着与耶稣玩耍的约翰。圣母脸上露出温柔、幸福的微笑。耶稣幼小的形象,显露出天真、顽皮的神态。小约翰则更是一副山村孩子的模样。整个画面表现出一种天伦之乐和纯洁愉快的情调,人物间表现出相互交融的愉快心情。

画面运用了明暗转移法,使画面从明到暗连续过渡,产生薄雾和月光一样的朦胧效果,增加了画面的抒情气氛。画好之后,《圣安娜》被拿去展出,立即轰动全城。据说,当时佛罗伦萨的市民,都像过节似的成群结队前来观展。

不过,达·芬奇并没有陶醉在故乡人民给他的盛赞之中。他趁机探访了童年时代的居住地和诞生地芬奇镇,见到了他的一些亲属和故旧,并在当年他玩耍过的山间和草地上重温旧梦。故居破败的房屋,安基亚诺村小酒店的废墟,还有山坡上的荒凉和寂静。把达·芬奇从沉沉的记忆中唤回到现实。他早就打算离开佛罗伦萨去罗曼雅,在瓦伦丁公爵凯撒·波尔查的宫中任职。此时,他很快就下了决心。

凯撒·波尔查是教皇亚历山大六世(1431—1503 年)与其情妇诺札·贾旦妮所生之子。此时,他利用教皇的权势和法兰西国王的庇护,在意大利攻城略地,横行一时。他把达·芬奇奉为上宾,是因为他需要达·芬奇这样的大建筑师和大工程师为他服务。

他曾命令属下的一切总督、司令、将军、头领、官吏、兵士和臣民,对达·芬奇必须以礼相待,任他及其随员自由通过,准许他视察、检查军事要塞和堡塞的一切事物,并毫不犹豫地提供他所需人员,与他积极合作。

达·芬奇受凯撒·波尔查的委任,便在他的宫廷里操办起土木工程事业。他为凯撒的军队在那波伦拿要塞废墟上建筑了宽敞的营地,并开辟了亚德里亚海西岸最优良的海岸采塞那港,还开挖了一条运河与采塞那城相通。他在彭比诺建筑坚固要塞,还发明了新的武器和装备,测绘地图。

此外,达·芬奇还陪伴公爵各处出征。他的生活几乎是戎马倥偬的军事生活,他似乎是全身心投入这些筑寨、开山、挖河等工程事务中。

然而,达·芬奇并没有停止他那艺术家、科学家的思维和观察。他记录了采塞那农民怎样用葡萄藤缠绕着果树,采塞那人怎样安排杠杆去搬运大教堂的钟,黎弥尼城的喷泉落水如何发出罕有的音乐之声,等等。

他还观察到,亚平宁山下、罗曼雅境内的牧童们怎样将号角上粗大的一端钻些深孔,以加强号角的声音,这样有回声的号角吹响之后,连最远山上的羊群都能听见。

1503 年 8 月 18 日,教皇亚历山大六世去世。1507 年冬,凯撒·波尔查也在一场混战中死于刀剑之下。此时的达·芬奇,在凯撒的宫中赋闲。他有时画点画,有时又进行各种各样的机器设计。

在达·芬奇的房间内,满地都是些机器以及天文学、物理学、化学、机械学、解剖学等所用的仪器。车轮、杠杆、弹簧、螺旋、棍棒、弯管、唧筒以及其他机器零件,铜的、钢的、铁的和玻璃的——乱七八糟堆在那里,好像怪物或巨虫的肢体。

达·芬奇的身边跟随着很多徒弟,年龄最小的是安得烈·沙莱诺,他是个清秀少年,有两只无邪的眼睛和一头金色的鬈发。他也是达·芬奇最宠爱的徒弟,达·芬奇画天使时,时常拿他当模特儿。

其中有一位十分贫穷的徒弟叫卓梵尼·贝尔特拉非奥。他从小父母双亡,是叔叔梅鲁拉一手带大的。

记得有一次,他无力缴纳说好了的每月六个弗罗给他的师父。因为他的叔叔同他决裂了,不再给他一个钱了。

卓梵尼要向师父道歉。

"师父,"他很难为情地,脸都红了,他吞吞吐吐地说着,"今天是14日了,照我们讲定的话,我应当在每月10日缴纳束。

"可是我只有三个弗罗,我心里很难过……您或者准我迟缴几天,我要想法弄钱去。梅鲁拉答应过我,要拿些什么东西给我抄写……"

达·芬奇睁开惊异的眼睛看着他。

"你说的什么话,卓梵尼?但愿上帝保佑你!你说起这类事情,自己不害羞么?"

徒弟的狼狈的面孔,他穿的那双破布钉补的鞋子和那套破旧不堪的衣服,都明白地告诉达·芬奇:卓梵尼是十分贫困的。

达·芬奇皱起眉头,谈到别的事情上去。他装着漫不经意的样子,摸摸口袋,掏出一块银子,说道:"我请你做件事情,卓梵尼。等一会儿有空时,请你到街上去,替我买二十张蓝图画纸,一捆红粉笔和几支鼬鼠毛笔。余下的一点钱请你拿去。"

"这是一个杜卡。那些东西有十个索独就够了。余下的我带回来……"

"你用不着还我。以后再说。请你不要再同我谈起钱的事情了。你听到么?"

达·芬奇掉过头去,指示朝雾中那些落叶松树的若隐若现的轮廓给徒弟看。那条笔直的"大运河"两岸都栽这种树,一直延伸到眼睛看不见的地方。达·芬奇说:"你注意到什么,卓梵尼,树的绿叶在薄雾中呈现天蓝色,在浓雾中则呈现灰白色。"

然后,他再转过头来向他的徒弟说道:

"我知道得很清楚,为什么你拿我当作一个悭吝的人。我

敢打赌，我猜得很对。当初我们商议每月束时，你一定注意
到，我如何详细问你，如何把一切都记下来了：缴多少钱，每月
哪一日缴，以及谁给你的钱，等等。

"可是，你应当知道，这是我的一种习惯，一定是从我的父
亲彼埃罗·达·芬奇传下来的，他是位公证人，是世界上最谨
慎和最有理性的人。这种习惯对我没有用处。

"信我的话罢，有好多次我自己也觉得好笑：我如此留意
琐细的事情。我能够一丝不错地告诉你：安得烈那顶帽子，羽
毛费了我多少钱，丝绒又费了我多少钱；可是其他好几千杜卡
花到什么地方去，我就不知道了。

"所以，卓梵尼，你以后不要再留意我这愚蠢的习惯了。
以后你要用钱时，尽管对我说，并相信我，我会给你的，如同一
个父亲给他的儿子……"

说罢，达·芬奇望着他，带着一种慈祥的微笑，使得徒弟
心里立刻轻松而愉快起来。

1503 年秋，达·芬奇接到佛罗伦萨共和国终身大执政彼
埃罗·索德里尼的聘请，聘他为军事工程师，在比萨军营里制
造围城战具。这样，达·芬奇便于当年又回到故乡佛罗伦萨。

● "神秘的微笑"

达·芬奇第二次回到故乡，无疑是佛罗伦萨市民们一件值
得自豪的事情。《圣安娜》展出时的空前盛况，人们还记忆犹
新。他们现在更希望大艺术家达·芬奇能在自己的故乡留下
一些具有纪念性的作品，借以装饰佛罗伦萨，给故乡带来荣耀。

于是，佛罗伦萨元老院委托达·芬奇，在市佛基奥宫"五

百人"会议厅画一幅可资纪念的战役图。他们指定达·芬奇画"安加利之战"。后来,当米开朗琪罗完成了他在美术史上具有纪念碑意义的雕塑作品《大卫》之时,元老院又别出心裁地聘请他在达·芬奇壁画的对面墙壁上画"卡西那之战"。

两位艺术巨匠在故乡对相同题材展开壁画竞赛,被载入美术史册,成为千古佳话。

在绘制《安加利之战》的同时,达·芬奇又在为另一个贵妇人画肖像,这就是后来在西方美术史上名垂千古的不朽之作《蒙娜丽莎》。

蒙娜丽莎据考是那波里芙,生于 1479 年,她的父亲本是一个有钱的贵族,但在 1495 年法国人入侵时破产了。达·芬奇给她画像时,她已是佛罗伦萨银行家和皮商人佛朗切斯柯·载尔·佐贡多的第三个妻子。

1481 年佐贡多先生娶过马里奥托·鲁色莱伊的女儿嘉美拉为妻,但结婚两年之后嘉美拉就死了。以后他又娶了托马莎·维兰妮,不久又断弦了。第三次才娶了蒙娜丽莎小姐。

达·芬奇为蒙娜丽莎画肖像时,艺术家已过了 50 岁,蒙娜丽莎的丈夫才 45 岁。佐贡多是一个谨慎和干练,不很坏,也不很好的人,致力于他的职务和田产,不久就做了首长。他把他年轻的美妻视为他家屋里的一件最适宜的装饰品,对蒙娜丽莎当然恩宠异常。但他懂得蒙娜丽莎夫人的美丽还不如他懂得西西利新种牛的优点或粗羊皮关税税率那般清楚哩。

人家说，她并非为了爱嫁给他的，而是屈从父命；她的第一个追求者，自愿地在战场上战死了。又有人传说——也许是谣言——还有好多热烈的顽强的但都无望的追求她的人。但那些恶毒的口舌——在佛罗伦萨是不少的——对蒙娜丽莎都无坏话可说。她是恬静的，谦逊的，虔诚的，严谨遵守教会一切规则，施恩于穷人，会持家，忠实于她的丈夫，慈爱于她的丈夫的前妻留下的一个12岁女儿狄安诺拉。

达·芬奇对蒙娜丽莎夫人的肖像倾注了他最大的才能和热情。他在他的画室的院子中间设置了喷泉。

泉水落在半球形的玻璃上，发出轻微的音乐。喷泉周围他栽上了夫人喜爱的花。他还请来宫廷乐师、歌唱家、说书者、诗人和滑稽演员为蒙娜丽莎表演。

一方面是供她消遣，免得画像时她感到单调、无聊；另一方面他是趁机观察，音乐、故事和滑稽话在她心里引起的情感和思想活动，是怎样表现在她脸上，以便于他能够从容地捕捉表现在蒙娜丽莎脸上的内在情感。

历经四个春秋，肖像画《蒙娜丽莎》完成了。

画上的蒙娜丽莎坐在安乐椅上，双手交叠放在胸前，脸上露出勉强可以看出的微笑，像是微笑刚开始的一瞬间，也像是微笑结束的一瞬间。双手柔美、纤秀、富于表情，与她温柔、恬静、美丽的脸部表情相互呼应。

她的眼睛特具神采，目光锐利而

脉脉含情。薄如蝉翼的透明面纱,笼罩在蒙娜丽莎的头部与双肩,它把披在肩上的两绺长发和肩部外衣的曲小的褶襞梳理成为统一、流畅的轮廓。袒露的胸部,显示了青春的女性美。

达·芬奇认为人是最神圣的。人体是自然界中最美的形象。

《蒙娜丽莎》正是他以一个真实的女性的微笑歌颂着人自身的美丽,呼唤着人性的觉醒,颂扬着生命的可爱之处,体现了他的人生哲理。

《蒙娜丽莎》的右手被誉为是世界美术史上最美的一只手。尽管科学发达的现代摄影技术无比高超,但如果把这只手与现代摄影作品相比,人们仍可以看出这只手更有体积感,更有重量,更有生命力。几乎完全临空的中指指缝隙中,人们似乎能听到音乐的美妙,感觉到蒙娜丽莎那瞬间的愉快。现代摄影是很难记录下这种内在的神韵的。

其实,从画面上看到的蒙娜丽莎的微笑,是一种心安理得的自信和乐观从容的气度。

而这一点,正是那个经过漫长的中世纪的黑暗,人们正从基督教神学的重压下觉悟过来,去追求新生活的时代特征。画中的蒙娜丽莎,从微笑中不仅显示出她的温雅、高尚和愉快,也显示出对新世界和新生活的欢欣和喜悦。

达·芬奇完成这幅画后,一直带在身边,视为珍品。直到他死后,才为法兰西国王弗朗西斯一世所收藏。现在这幅画珍藏于巴黎卢浮宫博物馆。

在达·芬奇画《蒙娜丽莎》的期间,他的父亲彼埃罗·达·芬奇于 1504 年 7 月 7 日去世了。彼埃罗先生活了 80 岁,可谓长乐长福,享尽天年。他身后有 10 个儿子和两个女儿。彼埃

罗先生生前多次说过,他的非婚生长子列奥纳多·达·芬奇,同他的其他儿子一样,可以继承他的遗产。可是,等到彼埃罗先生去世时,达·芬奇的异母弟弟们宣布:他们的哥哥是父亲的私生子,对于遗产没有权利继承。

除了遗产继承上的纠纷以外,达·芬奇还有其他很多不愉快的事情。

故乡对于达·芬奇来说,已是非留之地了。他觉得难以在这里继续生活和工作下去。于是,经过米兰的法国总督卓别林·达·安波斯的请求,佛罗伦萨的执政们允许达·芬奇请三个月的假。

在春天的时候,去米兰一行。同25年前一样,他又带着一种愉快的心情离开了故乡佛罗伦萨,奔赴米兰。

◎ 生命之美丽

1506年5月,达·芬奇二度来到米兰。他是以请假的办法离开佛罗伦萨的。假期原是三个月,但经过法兰西国王和他的米兰总督的说情,佛罗伦萨执政府准许达·芬奇无限期请假。第二年,达·芬奇应法国国王路易十二的聘请,正式任米兰宫廷画家和技师。他便到米兰长住下来,偶尔有事情才去佛罗伦萨走一趟。作为宫廷技师,达·芬奇仍然做一些水利工程的设计工作。

同时,他还为法国总督布置米兰要塞工事,建筑营寨,以防德伦巴第人的进攻,就像当年他替米兰公爵斯福查布置工事以防备法国人进攻一样。也为法国人搭凯旋门,这些材料同样也为斯福查用过。政治是达·芬奇从来不感兴趣的,他只是对他的工作本身感兴趣。在从事这些工程技术工作之外,达·芬奇仍然没有中止他的艺术创作。大约在1506年间,他创作了油画《丽达和天鹅》。这幅画取材于希腊神话故事。

丽达是一位仙女。她孤身一人居住在一个荒岛上。这里风景优美,但是人迹罕至,她感到非常孤独、寂寞。排遣寂寞的唯一办法,就是躺在绿荫之下,仰天观云。看云聚云散,变幻莫测,觉得自得其乐。

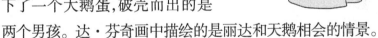

一天,她看到天边突然飞来一朵闪光的祥云,落到面前,原来是一只晶莹洁白的天鹅。这是一只优美、健壮的天鹅。它走向丽达,依偎着她。丽达也非常喜欢这只天鹅。可是,这位少女当时怎么也想不到,这只天鹅是宙斯变的。

后来他们相爱,丽达怀孕生下了一个大鹅蛋,破壳而出的是两个男孩。达·芬奇画中描绘的是丽达和天鹅相会的情景。

达·芬奇这期间创作的比较重要的油画是《圣安娜》和《施洗约翰》。油画《圣安娜》与1501年的素描《圣安娜》构图大致相似。但施洗小约翰被取消了,马利亚坐在她母亲的膝上,圣安娜以微笑注视着耶稣,耶稣则企图骑在羔羊的身上。圣安娜好像永远是年轻的古代女神。她的下垂的眼睛和微颤的嘴唇之间露出笑容,是神秘而慈爱的。马利亚在母亲的身上,表现出孩子般的天真。画面上仍然洋溢着圣家族生活的天伦之乐。

但是,与素描比较起来,圣安娜与马利亚脸上的笑容丧失了它以前的深刻的表现力。而且整体上,也不如素描自然生动,富有诗意。

《施洗约翰》中画的约翰,一只手擎着十字架,另一只手指向天空。他面带微笑,头发很长,气质上带有女性的温柔。这种微笑,表明达·芬奇的创作已有定型化的倾向。这标志着达·芬奇已进入老年,他的艺术创作的才华,正在逐渐减退。

然而,已近暮年的达·芬奇,在 1512 年作的素描《自画像》,给他一生的艺术创作生涯画了一个圆满的句号。

从现在传世的作品和资料来看,《自画像》大约是达·芬奇的封笔之作,画上的达·芬奇蓄着浓密的长须,目光深邃、犀利,额头和眼角皱纹纵横,显出历尽人间沧桑的经历和丰富的智慧,端直的鼻子下面,嘴角刚毅而有力。他的脸上流露出沉思和仿佛痛苦的表情,揭示他的全部的个人命运,也烙下了那个时代的印记。

达·芬奇认为,画家必须了解人体的内部构造。

因为画家要表现人物的身姿手势时,使各部位恰当妥帖,他就必须了解筋、骨、肌肉、腱的解剖,了解每一种运动是由哪一条肌肉或腱引起的。这样在作画时,把这些起作用的肌肉或腱画得粗壮些,其余的肌肉就不必画得条条毕露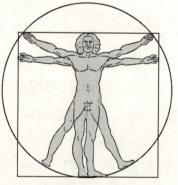了。有些画家不懂解剖,他们笔下的人物裸体像一袋核桃,而上面的肌肉,则像一根根萝卜。

为了准确而生动地描绘人体,达·芬奇亲自解剖了几十具尸体。把各种器官加以分解,把包围这些血管的纵使是最细微的肉屑也剔除干净。

通过对人体的解剖,达·芬奇精确地了解了人体的骨骼、肌肉、关节以及内脏器官的结构。他画的人体解剖图,不但细致准确,而且还是出色的艺术品。

尽管达·芬奇对人的骨骼、肉体了如指掌,对人体的美妙动人心领神会,但他仍然认为,灵魂比肉体更美。人的肉体的构造固然是很美满的,但拿来同住在其中的灵魂相比,就大为逊色了。因为灵魂总是神性的,有灵魂的肉体就是活的生命。

灵魂是不肯同肉体分开的。所以最美的是生命。

"生命是如此美丽,凡不尊重生命的人是不配有生命的。"

达·芬奇是以在路易十二手下供职而居住在米兰的。但是,他没有固定的俸禄。经济上完全随国王陛下恩意赏赐。可是,深居王宫而又成天被大臣、将军和夫人们包围的国王,时常把他忘记了。而他又不会以他的作品取得国王的欢心,引起国王的注意,更不会阿谀奉承,在国王周围周旋。

相反,他的工作一年比一年更少,也更迟缓了。

于是,同以前一样,他总在闹穷、借债。只要能借到钱的地方,他都会去借。甚至向自己的徒弟借钱。还钱的期限到了,他又借新债来偿还旧债。不得已时,他还写信给米兰的法国总督卓别林·达·安波斯以及手下的度支官,支支吾吾地讨要薪俸,信呈上去之后,他耐心地等待大人们的回音,可是这种等待十有九空。

达·芬奇觉得,替王侯做事的时候,同替民众做事的时候一样,被人视为多余,——无论何时何处他都成了一个陌生的人。

三年之后,教皇朱留士、皇帝马可西米良第一和西班牙国王斐迪南结成"神圣同盟",把法国人赶出伦巴底去了;而且依靠瑞士雇佣兵的帮助,把罗督维科·斯福查的儿子马西米良诺,即所谓"小穆罗"的,召回做公爵,新公爵是在皇帝宫廷长大的一个 19 岁的少年人。

达·芬奇也搭了一个凯旋门欢迎他。

小穆罗的公位坐不稳当。那些瑞士雇佣兵太不关心他,把他当作无足轻重的傀儡;反之,神圣同盟那些人物又太关心他了。青年公爵小穆罗无心顾及艺术,但他还是聘请了达·芬奇,任宫廷画师,定了薪俸数额,但始终没有付过。

此时,达·芬奇的徒弟恺撒暗中同拉斐尔通信,当时,拉斐尔在罗马教皇朱留士第二那里,替梵蒂冈宫内厅堂画壁画。已经有好多人作预言:

达·芬奇的声名,在这颗新星光芒之中,要黯然失色了。师父有好几次确实觉得,恺撒存心要背叛他。

1515 年,法国军队又卷土重来,向米兰进军,这几年来,达·芬奇十分厌倦这种变幻无常的政治,于是他决定离开米兰,替梅狄奇家办事去。

1513 年 9 月 23 日,达·芬奇怀着暗淡而又茫然的心情,带领几个徒弟从米兰动身前往罗马。从此他离开这块辛勤奔波的奋斗多年的热土,再也没有回来。

◉ 艺无止境

梅狄奇家族有保护艺术和科学传统的美名。新教皇利奥第十当然也恪守这一传统。在他的身边，集合着众多的诗人、乐师、画家和学者。他让这些艺术学家和科学家都有一个舒服的位置和丰厚的俸禄。

拉斐尔此时已成为教皇所宠爱的红人，他披金戴银，住在自建的华丽邸宅中，过着公侯一般阔绰的生活。米开朗琪罗也正为教皇所重用，继续完成前教皇朱留士二世陵墓的雕刻任务。

可是，年迈的达·芬奇在罗马却遭受了冷遇，达·芬奇到罗马之后几日，在梵蒂冈宫内候见室中等候赐见——他不是第一次在这里候见的人，因为这里连教皇自己渴欲见面的一些人也很难得见圣上的面。

教皇是个蹩脚的音乐学家，但非常爱好音乐。奏乐时，他自己往往参加进去，以致奏得非常长久，害得那些有正经事情来见他的人陷于绝望状态。

一位不得宠的诗人在达·芬奇耳朵边说，他已经在这里等候两个月了，始终得不到教皇赐见。他告诉达·芬奇一个最有把握得见圣上的手段：那就是装做呆子！自称为"新巴拉巴洛"，请一位侍从向教皇通报，那么要什么就有什么了。

但是达·芬奇不肯听从这个忠告，他不肯自认为是呆子，他等了好久之后便走开了。

他仍旧住在当初亚历山大第六时代他住的那所屋子里——这是属于教廷造币厂的一所孤立的小屋，在圣柴可夫斯基大教堂背后一条小巷之内，离梵蒂冈宫只有几步路，房屋古旧而阴暗，自从达·芬奇离开罗马到佛罗伦萨去以后，好多年来没有人居住，现在又是潮湿的，而且比以前更加破烂了。

一天，达·芬奇来到西斯廷教堂，去看米开朗琪罗作的大型天顶壁画。在天花板和穹窿形的天顶，他看到了米开朗琪罗不久前刚刚完成的《创世纪》。

这组画共长 40 米，宽 14 米。中央部分是九个《圣经》传说的场面："上帝区分黑暗与光明"、"创造日、月与动植物"、"创造鱼和海中其他动物"、"创造亚当"、"创造夏娃"、"失乐园"、"洪水"、"挪亚醉酒"和"挪亚筑祭天"。

在这些构图中的每一幅角隅上都安排了裸体青年。

在天顶的两侧描绘了七个先知和五个女巫。一共画了 343 个人物，其中有 100 多个比真实人体大两倍的巨人形体。米开朗琪罗为此耗费了四年心血，付出了巨大的才华和精力。

此时，他又想起了拉斐尔的壁画。如果说，在米开朗琪罗的壁画中人们感受到了磅礴的气势和强烈的感染力，那么，拉斐尔则是在画中的和谐宁静中展示他超人的天赋和才华。

达·芬奇揣摩着他自己与米开朗琪罗和拉斐尔的画，他思考着，他们的艺术表现了什么？说明了什么呢？他不禁又想起了以前关于绘画与雕塑谁高谁低的争论，想起艺术家的责任与使命以及其本身的素养。

他回到房间里，打开断断续续写下的《画论》的笔记，又开始写下他对艺术的思考。

他认为，绘画高于诗歌，高于音乐，也高于雕塑，在一切艺术门类之中，绘画是最高尚的艺术。

既然绘画是如此高尚的艺术，那么画家就应该成为一个注重荣誉而非金钱的高尚的人。达·芬奇想到目前自己的境况，不禁产生自嘲之感。他想起自己为一幅画精雕细刻十几年，这样怎么能给他带来财富呢？

不过，他坚信他留下的作品虽然不会给他很多的金钱，然而却会有无尚的荣誉。金钱的占有者是引人嫉妒的，然而，他们留下的不会是荣耀的名声，而只是财主的名声。

人的美德和荣誉比他财富的名声不知大多少倍。在钱财上一贫如洗的人，在美德上却是豪富。如果一个人是靠钱财而不是靠美德来满足，那么与其他下贱畜牲又有什么区别呢？为美德而奋斗就是精神和肉体双方的食粮。美德是人的最忠心耿耿的财富。

不久，朱良诺·德·梅狄奇向哥哥教皇利奥第十请求，让达·芬奇给他画一幅画。教皇推辞不过，最后只得答应了。

达·芬奇着手准备，同平日一样迟缓。他做了很多预备工作，还在改良颜色，并发明了一种新漆为这幅画用。然而却迟迟没有动手画。

利奥第十得知这个情形的时候，便假装绝望生气，喊道："这个怪人永远做不成一件事情！他一心只想着结局，却永远不去动手做。"

宫廷中人抓住了教皇这个玩笑话，在罗马城里到处散播。达·芬奇的命运已经注定了。利奥第十，最伟大的艺术鉴赏家,已经判断了他。

好像是大家约好了一般,所有的人忽然都离开了他;人们忘记了他,好像忘记了死人一样。但教皇的判词还是有人传到他的耳朵里去了。

这天晚上,当他一人独处的时候,他在笔记内写道:"忍耐之于被侮辱的人,正如衣服之于挨冷的人。天气越寒冷,你就越加要穿暖些,那时,你就不觉得冷了。同样,你受的侮辱越重,你也越加要忍耐,那时侮辱就不会损伤你的灵魂!"

达·芬奇默默地忍受着这一切,他已经老了,头发已经变成了灰色,胡子从颊骨底下生起,直垂前胸,也有点灰色了。淡蓝色的眼睛底下已有了老年的沉重的泪囊。下垂的口角有时露出厌倦一切的神气。但是,他的心里明白,他的艺术将会对人类发生什么样的影响。而这一切,并不是教皇的判断就能够决定的。

但是,罗马已不是达·芬奇的久留之地,他在寻找机会,离开这里。

1515 年 1 月 1 日,法兰西国王路易十二死了。

他没有儿子,由女婿弗朗西斯即位,称弗朗西斯一世。

新王即位,便御驾亲征。他统率大军迅速越过阿尔卑斯山,攻入米兰城。

达·芬奇听到这一消息,便感觉到离开罗马有了希望。他去了新国王的行宫,并在欢迎弗朗西斯一世的盛会上制造了一只自动狮子。这狮子在大殿上奔走,在国王面前停下,后脚直立,胸前洞开,献出一束法兰西国花白百合花在国王陛下的面前,立即使国王异常高兴。

弗朗西斯一世在意大利聘请学者名流和艺术家去他的宫廷服务,这既能获得美名,又能带来很多实惠。

他希望能把达·芬奇、拉斐尔和米开朗琪罗都召来他的宫中,但是,他知道教皇是不会放走他宠爱的拉斐尔和正担任巨大工程的米开朗琪罗,于是,他只好单独聘请达·芬奇。他答应给达·芬奇提供可观的年俸,并把他离宫俺拔斯城堡旁边的克鲁庄园拨给达·芬奇居住。

终身颠沛流离的达·芬奇,希望自己能有一个安静的晚年,他觉得克鲁庄园应该是自己的归宿。他接受了国王的聘请,决定前往法国。

◉ 古老的克鲁庄园

在法兰西心脏,俺拔斯地方国王有个行宫。克鲁庄园就在行宫东南方,这庄园以前是属于路易十一朝代总管大臣所有的。

达·芬奇就住在这个庄园里。

国王非常殷勤地接待这位画师,同他会谈,谈他以前和以后的工作,很尊敬地称他做“父亲”和“师父”。

达·芬奇建议要翻造这俺拔斯行宫,要开掘一条大运河,把附近的索伦沼泽区——一个传播疟疾的荒凉区域,变成一个茂盛的大园圃,又在马康地方把洛亚河和沙翁河通连起来,以此经过里昂联系法国心脏杜兰州和意大利,而开辟一条新路从北欧通到地中海岸去。

国王同意了开掘运河的计划。所以艺术家来到俺拔斯不久,便去研究地势了。弗朗西斯一世打猎时,达·芬奇便在罗莫兰丹地方研究索伦沼泽区形势,调查洛亚河和雪尔河诸水源,测量水位,绘制地图。

1517年春天,达·芬奇在索伦沼泽区染上了疟疾,扶病回到了克鲁庄园。那年夏天,他的病轻些了,但他的健康始终都未能完全恢复。

在克鲁庄园墙外的阿马斯小河对岸,有一片美丽的俺拔斯森林。每天下午,弗朗西斯一世扶着师父出门去,他们沿着幽静小径走进森林深处,在一块石头上坐下来。徒弟躺在他的脚下草地上,悠然地读着但丁的诗,读《圣经》,或者读古代哲学家的著作给他听。周围是阴暗的森林深处,唯有太阳冲破阴影之处,才可以见到空地上一丛茂盛的花忽然发出紫焰或红焰来,如同蜡烛一般;一株被狂风吹倒的半朽的树身上,凹处一簇苔藓映出绿玉的光辉。

弗朗西斯读书声中断又不说话时,树林中就笼罩着深夜一般的寂静。只有一只鸟儿,大概是一只雌鸟儿,由于找不着它的雏儿,有时发一两声哀鸣,好像在啼哭。但最后连鸟儿也不做声了,更加寂静了。天,热得喘不过气来。

徒弟抬起头来望望师父。达·芬奇坐着不动,如同僵硬了一般。他细听着寂静,细看着天空、树叶、石头、花草和苔藓,用一种辞行的眼光看着,好像这是永别之前最后一次看着这熟悉的一切了。

1518 年秋天,有一日,他觉得特别不舒服。但他仍旧忍耐着病痛和疲倦整天不间断地工作着,不过比平时停止得早一点,而且叫弗朗西斯搀扶他到楼上他的寝室去。螺旋形的木楼梯很陡,他又常有晕眩之病,近日来没有别人搀扶,他就不敢上楼去。

这日,弗朗西斯又搀扶着师父。达·芬奇勉强用力慢慢地走上梯子去,每走二三级便停下来喘息一下。忽然他站不稳了,全身重量压在徒弟身上。弗朗西斯知道师父中风了,又害怕一个人扶不住他,于是叫老仆役巴蒂斯塔·维兰尼斯上来帮助。两个人抬达·芬奇,还抬不起来,再来两个仆役才把病人抬进他的寝室里去了。

同往常一样,他不要求医和服药。他整整六个星期长久地躺在床上。右半边麻痹,右手完全废了。

冬季开始,他的病好了些,但复原困难而迟缓。

达·芬奇一生中,左右两手都可使用的;工作时两只手是同时需要的;他用左手画图,右手涂上颜色。

这只手做的事情,那只手不能做。他超过其他画家之处,据他说,正是从这互相反对的两种力量的合作发生出来的。但现在,右手指头因中风而残废,差不多不能使用了,于是他害怕从此不能作画了。

12 月初,他能够起床,开始只在各房间走走,以后也下楼到工场来。但他不画画了。

一天,午饭之后,全屋的人都休息去了,这是最清静的时候。弗朗西斯有事情找师父,在楼上房间找不到他,便到下面工场来找,他小心开了门,看进去。达·芬奇近来比以前更加忧郁而且怕见人,他最爱独自在一处,没有他许可,不要人到他旁边来,好像怕人家观察他。正像劳累的一天带来愉快的睡眠,勤劳的生命带来愉快的死亡一样。

1519 年 5 月 2 日,达·芬奇在克鲁庄园离开了人世,走完了自己 67 岁的人生和艺术之旅。几个世纪以来,人类再也没有出现过像达·芬奇这样多方面的杰出天才。

第五章

咏唱生命之歌的柴可夫斯基

◎ 才华的唤起

1840 年 5 月 7 日,俄罗斯平原的卡玛河欢快地流淌着,挺拔玉立的白桦和葱郁高大的松树充满了勃勃生机。边陲小镇伏特金斯克沐浴在春日的阳光中,矿山工程师伊里亚·彼得罗维奇·柴可夫斯基家传出了一阵欢笑:一个可爱的小男孩降生了。

亚历珊德拉·阿茜埃,这个法国移民的女儿,怀里抱着新生儿,甜蜜地接受着人们的祝贺。做父亲的则已开始为孩子的未来打算:让他以后学法律吧,这样好出人头地。

已进不惑之年的老柴可夫斯基算是小镇上的一位名人,矿场总监和冶金厂厂长的职务使他收入颇丰。他是个富有同情心、快活而坦率的人,在前妻去世后,他娶了年轻而贤慧的阿茜埃。阿茜埃在女子孤儿院受过教育,能讲一口流利的法语和德语,会弹琴,能唱歌,富裕的家境使他们的生活安定而甜蜜,阿茜埃闲暇时常常坐在钢琴旁打发时光,她弹钢琴往往使丈夫着迷。出生在这样一个俄国中等贵族家庭里,是孩子的幸福,这个可爱的新生儿就是彼得·伊里奇·柴可夫斯基。

伏特金斯克远离喧嚣的欧洲,在这偏远的地方,到处洋溢着大自然的魅力与旋律。高峻的山峰,林立的松树,冬天一身银装素裹,春天一片郁郁葱葱。漫步白桦林,似有一双双眼睛在追寻;泛舟河上,又有一曲曲渔歌在荡漾……童年的柴可夫斯基最喜欢牵着母亲的手,陶醉在这片安谧而古朴的大自然中。

"妈妈,这渔歌真好听。他们心中一定有许多难过的事吧?"天真的柴可夫斯基常常会为一首首悠扬的民歌所感动,母亲也常常情不自禁地跟着哼唱。母亲会唱当时许多流行的歌曲和浪漫曲,她其实并不是一个音乐家,但孩子却在她那美丽的钢琴曲中,在她柔美的哼唱中陶醉。这些便形成了柴可夫斯基早期粗浅的音乐启蒙。

柴可夫斯基4岁那年,母亲决定为大儿子尼古拉和寄居在他们家的外甥女丽蒂亚请个家庭教师,她选中了一位名叫芬妮·杜芭赫的年轻的法国姑娘。老师一上任,"可爱而聪慧的孩子"柴可夫斯基就闹着要跟班学习所有的课程,尽管这并不是母亲的本意。芬妮对柴可夫斯基的关心和抚爱似乎超过了其他两个孩子,但柴可夫斯基在生活上的懒散也使她很恼火。

芬妮自己对音乐一点儿也不爱好,她还尽力限制柴可夫斯基弹钢琴的时间,并鼓励他在文学方面早作尝试,但她的苦心收效甚微。由于空闲的时间很少,所以芬妮坚持要孩子们进行体育锻炼,但这常常遭到柴可夫斯基的反对,他偏要在课后径直跑去弹琴。家里放着一架钢琴,并且还摆着一台名叫"乐队琴"的奇异乐器,芬妮要想限制自己学生对音乐的爱好,谈何容易。

那乐队琴由许多粗细不同、长短不一的风琴管子组成,能发出乐队中许多乐器的声音,像平常的八音盒那样,由若干用针别住的圆筒控制,或由一些穿空的纸卷控制。柴可夫斯基本人曾经说

过,"多亏了这件乐器在他脑海里打下了音乐之最初的印记",特别是在乐队琴的音乐集锦中有他"热烈崇拜"的莫扎特,歌剧《唐·璜》中的咏叹调,还有贝里尼、唐尼采蒂和罗西尼的作品选曲。柴可夫斯基凭着自己灵敏的听觉,能在钢琴上十分准确地弹出他从乐队琴里听到的曲调。

母亲常嗔怪柴可夫斯基为酷爱音乐的"小疯子"。这"小疯子"对音乐有一种先天的不可思议的冲动,他的头脑里总是充满着旋律。

有一天,在一次有音乐节目的聚会之后,孩子们都各自回到自己的卧室,芬妮照例去与孩子们道晚安。当他走进"小疯子"的卧室时,她呆了:他坐在床上,双眼因兴奋而炯炯有光,嘴里不停地喊着:"啊,这音乐啊!这音乐!"芬妮竭力想使柴可夫斯基镇静下来,便对他解释说,那支曲子早已奏完,现在家里完全安静了。可是这孩子却双手托着他的大脑袋说:"它

就在我的头脑里,不让我睡觉啊,我无法把它赶走。"不爱好音乐的芬妮是无法理解音乐对柴可夫斯基的神经系统的那种奇特的兴奋作用的。

5岁生日过后不久,家里决定为柴可夫斯基聘请一位钢琴教师,对他进行比较正规的训练。钢琴教师的名字叫玛丽娅·玛柯芙娜·波奇科娃,人们只知道她是个获得自由的农奴,别的一无所知。柴可夫斯基在音乐的海洋中如鱼得水,不到三年工夫,他就可以跟这位年轻教师弹奏得一样好了。

柴可夫斯基在童年时代仅跟这位俄国姑娘学过识谱与钢琴,但他却常常表现出一种非凡的才能,他能够毫不费力地在钢琴上弹奏出他所听到的乐句和乐段。一位波兰客人曾向他介绍过肖邦的马祖卡,后来他居然自学弹会了两首马祖卡,这的确令人吃惊。

柴可夫斯基是可以称得上音乐天才的,他对音乐的那种令人不可思议的理解力与冲动,他对音乐的那种狂热的爱都可以作证。但是作为一个人,柴可夫斯基又是十分平凡的,在他的性格中一开始就存在着敏感、脆弱甚至病态的弱点。

柴可夫斯基与他的哥哥姐姐一起开始接受教育,在芬妮的精心指导下,他6岁就能流畅地读法文和德文书籍,7岁他开始用法文写诗。虽然他表现出了过人的才智,可是芬妮还是越来越感受到了这位学生的懒散与异常敏感,一些微不足道的小事也会刺伤他那颗敏感的心。

柴可夫斯基自幼天性中对于祖国的感情甚至超过了他对于自身的珍爱。他容不得别人的批评,甚至神经质地容不下与俄国同时存在的其他欧洲国家。

有一次,芬妮讲授完了地理课,就留下时间让他们自己翻看地图。柴可夫斯基很听话地趴在桌上一页一页地翻着地图，当翻到一幅欧洲地图时，他突然激动起来，马上俯下身子亲吻起俄国，嘴里还念念有词，眼里放着光，可是当他的眼光转向欧洲其他国家时，欣喜与激动顿时为厌

恶与仇恨所代替，他用唾沫使劲地向欧洲的其他部分啐去，右手还用力地握成了拳头。

芬妮很不喜欢他这种神经兮兮的举动，就上前责备了他。因为芬妮是一个法国人。柴可夫斯基抬起他的大脑袋，毫无愧色，竟振振有词地说："你不必责备我，你没看见我事先已用左手把法国遮住了吗？"柴可夫斯基这种敏感与脆弱的天性几乎一直伴随在他人生的旅途中。

应该说，家庭女教师芬妮对柴可夫斯基那容易激动和病态敏感的性格，曾经给以良好的影响，她是个富有责任心和爱心的人，令人遗憾的是，她不久就离开了柴可夫斯基。

1848 年，柴可夫斯基的父亲，为了接受莫斯科一个新的、更赚钱的差事，决定放弃政府的官职。忠实、热心的芬妮便被解雇了。

当这个背井离乡的家庭迁到莫斯科时，父亲发现原来那份美差已经被一个不讲道德的朋友夺去了。当时莫斯科正在流行霍乱病，他们只好再次搬迁到圣彼得堡，到了那里，尼古拉和柴可夫斯基都进了一所上流社会的寄宿学校读书。

在学校里，大家都笑他们是"乡巴佬"，那些毫无同情心的教员，布置给他们的作业重到荒唐的程度，两个孩子很快又

都染上麻疹,使他们更加痛苦。

不久尼古拉如期恢复了健康,可是柴可夫斯基却由于对新环境感到陌生,又因为失去芬妮的体贴照顾而感到忧伤,致使他对药物治疗似乎没有反应,身体迟迟不能复原。这时,父亲已经找到了一份合适的工作,远在西伯利亚边境附近。除了尼古拉留在圣彼得堡寄宿学校上学,全家都越过乌拉尔山脉,搬往遥远的新居。

生活计划不断改变,家庭不断变迁给柴可夫斯基带来强烈的不稳定和迷惑感,另外,他还得忍受和哥哥尼古拉分离的痛苦,因为他对兄长极为尊重。所以,尽管柴可夫斯基的健康状况在稳步好转,但他的性格却变得越来越郁闷、急躁,还有更使母亲烦恼而担心的懒惰。

这种情况一直到1849年底才渐渐有所好转,家里又为他请来一位家庭教师,在新教师的精心管教下,柴可夫斯基才以日渐增长的热情恢复了学习。不久,母亲生了一对双胞胎,洗礼时分别取名为安纳道尔和莫代斯特。柴可夫斯基兴奋地把他们的出世描述为"天使降临人间",尽管柴可夫斯基比他们大十几岁,但莫代斯特后来还是成为柴可夫斯基最忠实的知己。

老柴可夫斯基一直不能忘怀柴可夫斯基出生时他的打算。

1850年,柴可夫斯基被送进彼得堡法律学校,成了一名法律专业的学生。彼得堡法律学校是一所著名的贵族法律学校,是专门为沙皇的司法部门培养官吏的,但它也培养出作曲家亚历山大·谢洛夫和艺术批评家弗拉吉米尔·斯塔索夫,然而在柴可夫斯基进校时,这所学校已不像从前那样教授音乐了,这对柴可夫斯基来说是极为不幸的。

他一心迷恋音乐,除此之外他哪方面都不出众,他几乎没有好好学过法律,却抓紧时间向他的老师科思丁格尔学习钢琴。除了学钢琴外,读法律的柴可夫斯基的另一大乐趣就是泡在歌剧院里,聆听莫扎特的《唐·乔凡尼》与格林卡的《伊凡·苏萨宁》。

柴可夫斯基对音乐是如此的迷恋,如此的虔诚,他学习,他欣赏,却从未想到要尝试作曲。直到1854年7月——他母亲去世的那个月,他才突然心血来潮地想写一首曲子。

1854年7月,母亲不幸死于霍乱,这对年少而多愁善感的柴可夫斯基是个沉重的打击。

他失去了疼爱他的母亲,8月,这个年仅14岁的孩子写出了他的第一部为人所知的作品《献给安娜丝苔莎小姐的圆舞曲》,这是献给他的另一位家庭教师安娜丝苔莎·彼得罗娃的。

1859年,柴可夫斯基从法律学校毕业后进司法部任一等文书,但他的职员生涯并不出色。

他每天例行公事,得到的主要报偿无非是一种独立的感觉和一笔小小的薪水。柴可夫斯基天性中的敏感与病态并没有随着年龄的增长而有所减轻,相反,慢慢长大的他一直是那么喜欢独处,或弹琴,或读诗,或写诗——那是一些宗教的、爱国的和非常多愁善感的诗。这种性格使他无法适应司法部的工作,他虽然学过多年法律,可是在当时的俄国文官当中,他

真算得上是工作效率最低的一个人。到了后来,他竟完全忘记了自己的职责是什么,他的工作使上司头痛,更令人啼笑皆非。

柴可夫斯基有一种习惯,他总是爱将诸如音乐会节目单之类的东西,心不在焉地撕碎后放进嘴里咀嚼,似乎在品尝着什么。同事们看了都觉得好笑,但谁也没有想到,他有一天因为实在没有什么可撕可嚼的东西,竟随手拿起一份官方文件,吃下肚去。

但是,在社交界的聚会上,柴可夫斯基的堂堂仪表和钢琴演奏才能又使人赞叹不已。他在剧场度过了许多夜晚,不是看歌剧,就是看芭蕾。他感到在剧场里远比在令人胆怯的司法部的长廊里悠闲得多。

尽管柴可夫斯基时时表现出他的音乐天赋与天才才具有的那种脆弱与敏感,他却始终没有得到承认,他自己也似乎没有梦想一种艺术生涯。直到有一天,由于一次才华的奔放才引起了老柴可夫斯基的重视。

1860 年柴可夫斯基写出了他的第一首出版乐曲:《夜半:浪漫曲,女高音或男高音独唱,钢琴伴奏》。这首乐曲的出版使老柴可夫斯基感到震惊,他一直都指望着儿子在令人尊敬的法律界能有所作为,却不料儿子竟在音乐上表现出了他非凡的才能。这是一位善解人意的、通情达理的父亲,他告诉柴可夫斯基说:

"如果现在你想成为一名艺术家还为时不晚。"并告诫他不能过于懒散,要努力。

父亲的话似乎也惊醒了柴可夫斯基:"但愿我能成为一名艺术家!"

这种觉醒驱使着柴可夫斯基更多地投入到音乐中去。在俄罗斯音乐协会中，他跟从尼古拉·扎仑巴——一个学究式的波兰音乐家开始和声学的研究，他终于找到了发挥自己天才的自然途径。兴旺起来的协会不久就成立了一所新的音乐学院——彼得堡音乐学院，著名钢琴家兼作曲家安东·鲁宾斯坦出任院长，柴可夫斯基是第一批入学的学生。他继续在扎仑巴的指导下学习对位法和宗教音乐，此外他还学习演奏长笛、钢琴和管风琴。

柴可夫斯基原来在音乐上就极有天赋，通过这段时间的学习，他愈来愈对自己充满信心。哥哥尼古拉当时已是地方上一位有成就的官员，他听说自己的弟弟从事这样一种"有损尊严"的行为甚感恐惧，并且挖苦地说他"绝不会成为第二个格林卡"。

与尼古拉的态度截然不同，老柴可夫斯基尽自己一切

所能来帮助柴可夫斯基，他热心过问儿子的意愿和计划，多方予以鼓励，并从自己有限的退休金中挤出钱来资助他。

柴可夫斯基特别感激父亲的支持，虽然他没有如父亲所望在司法界发展，但父亲从来没有责备过他。有这样一个通情达理的父亲，的确是柴可夫斯基的幸运。

1863 年，柴可夫斯基毅然辞去了司法部的工作，在音乐学院集中精力学习。

1864 年夏，安东·鲁宾斯坦给学生们各布置了一项繁重

的假期任务,他要柴可夫斯基写一首序曲。柴可夫斯基明白老师素来尊敬李斯特和瓦格纳,如果这次模仿两位大师一定能博得老师的欢心。可是说实话,柴可夫斯基对李斯特和瓦格纳都是一知半解的,况且他也厌倦了那种奏唱曲形式的、经院式的作品。所以,他自由地打破学究式的陈规,以高度的热情和极大的兴趣写成了一首高度戏剧性的演奏会序曲:《大雷雨》。作品交上去以后,果然惹恼了他的享有盛名的老师。曲子本身直至柴可夫斯基死后才出版,虽然它还不是完全令人信服,但不管怎么样这毕竟是柴可夫斯基的第一部管弦乐作品,是他不为他人左右,散发出个性芳香的作品,是作者天才的早期证明。

而后,柴可夫斯基尝到了创作所带来的喜悦和振奋,他不能抑制自己的创作激情,陆续创作了《圆形剧场中的罗马人》、《F 调序曲》、《C 小调序曲》、《降 B 大调弦乐四重奏》等。音乐在他的心中酝酿、流淌,总有阵阵的创作冲动在激励着他。

1865 年,25 岁的柴可夫斯基就要从彼得堡音乐学院毕业了,他决心拿出一部出色的作品问鼎学院的毕业大奖。

鲁宾斯坦给他出了一个并不新颖的选题:为席勒的《欢乐颂》配曲,以供独唱、合唱和管弦乐队演奏。在此之前,伟大的贝多芬曾为这首《欢乐颂》配曲且流传已久,脍炙人口,人们对此给予了极高的评价。

柴可夫斯基要在这方面与贝多芬竞赛,显然是一种挑战。可贵的是,柴可夫斯基并没有退缩,他凭着良好的音乐素养和他的灵感创作了《欢乐颂》大合唱,这是一部真正开始显示他个性的作品。尽管在当时的柴可夫斯基堡,人们对这种个性并不赞赏,但《欢乐颂》还是获得了当时的毕业大奖之一:银牌奖。

成功使柴可夫斯基欣喜,也使他的朋友们更清楚地认识了他。荷尔曼·拉罗什敏锐地意识到他的音乐才能"在当代俄国也许是最伟大的"。

1866年1月12日,这首得银牌奖的大合唱要参加授奖仪式并演出了,可柴可夫斯基却无法使自己在众目睽睽之下面对惯例的口头审查,特别是在他得知出席者有俄罗斯音乐协会的指导们、帝国教堂的首脑和帝国剧院的指挥们时,他的神经终于在最后的时刻支撑不住了,他开了小差。因为作曲家的"逃跑",使人们对这首合唱本来就不高昂的兴趣更下降了不少。

柴可夫斯基是一位音乐天才,他在音乐创作上一开始就表现出了极大的实力,他却始终是个病态的人,他的性格举止常常让人无法理解,留给人们一个又一个"谜"。

◉ 严师与益友

1881年3月26日,俄罗斯天才钢琴家、莫斯科音乐学院院长尼古拉·鲁宾斯坦突然在巴黎去世,时年45岁。柴可夫斯基闻此噩耗,立即怀着极其悲痛和急切的心情赶往巴黎,他想最后再看一眼他的严师和朋友。当他匆匆赶到巴黎,鲁宾斯坦的遗体已经在他到达之前运往教堂了……

柴可夫斯基悲痛极了,他觉得自己的心不断往下沉。他无论如何也不能相信,亲爱的尼古拉就这么永远地离他而去了,什么话也没有留下。无论是睁着眼睛还是闭上双目,他的眼前总是充斥着尼古拉那善良而热情、严厉而迷人的面容……

尼古拉·鲁宾斯坦和他的哥哥安东·鲁宾斯坦无疑是柴可夫斯基步入音乐殿堂的引路人。他们对柴可夫斯基的音乐生涯起到举足轻重的作用,虽然他们两人对柴可夫斯基从来就是严格得近于苛刻。

当初,柴可夫斯基一进入彼得堡音乐学院便在安东·鲁宾斯坦的管弦乐作曲班学习。虽然安东和柴可夫斯基都不大欣赏对方的作品,但他们之间的关系已经成熟,相互都非常尊重。不但作为一位老师,而且作为一个"人",安东完全把柴可夫斯基迷住了,柴可夫斯基尊敬他,崇拜他,为了讨好他,柴可夫斯基常常通宵达旦地去努力完成他布置的作业,把他的意见和认可看作比其他人的意见和认可更为宝贵。

可是,安东对柴可夫斯基的赞语却少得可怜,这不能不使年轻而又敏感的柴可夫斯基感到悲观丧气。尤其是接近毕业的时候,他觉得他在安东的眼里简直差劲极了,要想得到一份理想的工作显然是不大可能的。

然而,大出柴可夫斯基意料的是:恰在此时,莫斯科音乐学院院长尼古拉·鲁宾斯坦来请求他哥哥为他推荐一名和声学教授。安东并没有推荐他平时美言颇多的学生,却把这个职位留给了柴可夫斯基。

当柴可夫斯基一夜之间从一个音乐学院的大学生一跃而

为音乐城学院的和声学教授时,他才深切地理解了安东的为人和他对自己的良苦用心。所以,柴可夫斯基始终对安东·鲁宾斯坦怀着深深的敬意和感激。

与安东的严肃和"难以接近"相反,尼古拉给人的印象是相当的温和和平易近人。只是他在音乐上的严厉与苛刻几乎可以与他在生活上的温和与宽容成正比。

柴可夫斯基初到莫斯科的时候,举目无亲,他经常为忧郁症、思乡病和沮丧消沉的情绪所困扰,也没有心绪对面临的新环境作出任何积极的反应。正是新院长尼古拉的耐心、谅解和宽厚给了柴可夫斯基百般的宽慰。虽然尼古拉仅比柴可夫斯基大五岁,但他对这位新来的伙伴就跟父亲对待儿子一样关心照顾。尼古拉坚持要柴可夫斯基搬进自己那不算宽敞的家,又像一个尽职的老保姆一样无微不至地照顾他。

刚毕业的大学生生活上多半比较拮据,为了使柴可夫斯基出入音乐学院和社交界不至于太寒酸,尼古拉执意要借给他一套礼服,并几近强迫他接受半打新衬衣作为礼物;为了给柴可夫斯基做一件合体的衣服,他几乎带领柴可夫斯基跑遍涅瓦大街的所有裁缝铺……尼古拉对柴可夫斯基的这种热诚和无微不至的关怀,使过早失去母爱与温暖的柴可夫斯基感激涕零。他始终不渝的热心和鼓励,对柴可夫斯基产生了极为深远的影响。

在刚到莫斯科的那些日子里,在尼古拉的鼓励下,柴可夫斯基还和其他人建立了友谊。其中有两个人成了年轻的作曲家终生的朋友,一位是康斯坦丁·阿布莱奇特,他是音乐学院的重要部门学监办公室的负责人;另一位是音乐学院的教授、拉罗什的挚友尼古拉·卡什金,他是著名的音乐评论家。

除此以外,柴可夫斯基还十分幸运地结识了他未来的出版商彼·伊·尤根逊,他是一个精明强干而有事业心的人,是莫斯科音乐生活的重要人物,对俄罗斯音乐的未来充满信心。

随着岁月的流逝,尤根逊出版了柴可夫斯基的绝大部分作品。

柴可夫斯基在音乐学院教课将近 12 年,虽然在最后的几年里教课非常辛苦,夺去了从事音乐创作的"生命中最宝贵"的时间,但他还是对音乐教学工作充满热情。柴可夫斯基在他从事教学工作的初年就以他惯有的热情参加各种委员会,提建议,编和声课题纲,制订教学方法,并让音乐学院学生和其他俄罗斯音乐家了解外国作者所写的书籍。他翻译了比利时音乐学家、作曲家弗朗索阿·盖瓦尔特用法文写成的《配器法教程》。

许多嗣后知名于世的俄罗斯音乐家、作曲家和表演家,都曾经在莫斯科音乐学院受教于柴可夫斯基。这些人铭记终生,认为是柴可夫斯基的忠告和鼓励促成了他们专业上的发展和成功。

柴可夫斯基的音乐教学对他自己的发展无疑也起到了促进作用。1868 年,柴可夫斯基在自己的作曲生涯中迈出了重要的第一步,他完成了第一交响曲——《冬日的幻想》。并将这部作品题献给他所尊敬的尼古拉·鲁宾斯坦,尼古拉非常高兴,

他亲自担任指挥,演出的成功完全超过了预期的效果。但是在尼古拉的严格要求下,作曲家对作品还是进行了两度修改,最后修订本于 1883 年在莫斯科演出,产生了极大的轰动效应。创作之路并非一帆风顺,1870 年前后,柴可夫斯基的作品接二连三地宣告失败,本来抱有很大希望的《水仙》也遭到歌剧委员会的拒绝,于是他忽然对自己失去了信心。他心灰意懒,一点儿也不想工作,懒散的老毛病又复发了。然而,就在柴可夫斯基一步步消沉下去的时候,是尼古拉·鲁宾斯坦坚强的性格又一次给了他力量。

有一次,柴可夫斯基随尼古拉到德国的威斯巴登去。他们到一间赌场去消遣,在玩轮盘赌时,尼古拉的手气非常糟糕,接二连三的失败,把带来的钱几乎都输光了。站在一旁的柴可夫斯基都沉不住气了,可他却惊讶地发现尼古拉仍然镇定自若地站在轮盘前面,考虑着如何利用自己手中仅有的几个钱创造一次成功。

尼古拉看上去毫不气馁,坚信在离开之前他会把输掉的钱赢回来。这种自信鼓舞了柴可夫斯基,他不仅更信任尼古拉,也增强了自信,同时他深深地体会到:有时候,冷静、自信和坚强的毅力往往是转败为胜的关键。

从此,柴可夫斯基从失败中振作起来,又重新专心致志地投入工作,在以后的日子里,柴可夫斯基每遇到挫折,就会想起威斯巴登的那一幕,他脆弱的神经立刻又会变得坚强起来。

因而，柴可夫斯基始终那样地尊敬、爱戴着尼古拉。

1871 年，柴可夫斯基听从尼古拉的劝告，决定举办一个室内音乐会。但是，如果单独用柴可夫斯基一个人的名义在所租的俄罗斯贵族协会大厅开音乐会，是不可能满座的。尼古拉挺身而出，他联合当时年轻而受欢迎的歌手伊丽莎贝塔·拉伏罗夫斯卡娅，以及俄罗斯音乐协会的四重奏团共同参与音乐会。音乐会于 3 月 28 日晚举行，取得了巨大的成功。由于俄国当代极负盛名的小说家伊凡·屠格涅夫的出席，更提高了音乐会的声望。这次音乐会的成功，增强了柴可夫斯基的信心。

1873 年 2 月 7 日，在尼古拉·鲁宾斯坦的指挥下，柴可夫斯基的《C 小调第二交响曲》（俗称《小俄罗斯交响曲》）在莫斯科首次演出。这首富有艺术魅力的交响曲获得了令人倾倒的成功，促成了 3 月 7 日的再次演出。至此，柴可夫斯基终于使自己在乐坛上获得了声名。1876 年 12 月的一个冬夜，尼古拉·鲁宾斯坦到梅克夫人家作客，向她推荐钢琴曲《暴风雨》。

梅克夫人虽然没有进行过专业音乐学习，但对音乐却有极高的鉴赏力。她让鲁宾斯坦在客厅里演奏这首曲子，自己走到隔壁的一个房间里静静地聆听。乐曲悠悠地从客厅传来，梅克夫人一下子便沉浸到那优美而深情的旋律中去了，她觉得自己的心似乎在经历一场暴风雨的洗礼，当乐曲戛然而止，她便迫不及待地跑进客厅询问曲子的作家是谁。

她似乎十分激动,眼里还放着兴奋与焦急的光彩,尼古拉·鲁宾斯坦这时才告诉她,曲作者是柴可夫斯基——一位极有才华而又生活拮据的音乐家。尼古拉希望梅克夫人能在经济上支持柴可夫斯基,使他能有较好的条件致力于音乐创作。

因为音乐,也因为尼古拉·鲁宾斯坦,柴可夫斯基自此便与梅克夫人建立了深厚的友谊。

1878 年,尼古拉知道柴可夫斯基正被他那不幸的婚姻搞得焦头烂额而又负债累累的时候,他一面亲自出马处理柴可夫斯基与安东尼娜的离婚;一面提请梅克夫人及时资助柴可夫斯基,尼古拉还建议音乐学院因柴可夫斯基对音乐协会和音乐学院的贡献而付给他差额薪金。后来,尼古拉又利用他的影响促成官方委任柴可夫斯基作为俄国代表(年薪 1000 卢布)出席在巴黎召开的世界博览会。不管柴可夫斯基是否接受尼古拉的这份好意,他都永远不能忘记尼古拉的深情与厚谊。

然而,虽然柴可夫斯基十分感激尼古拉在生活中和事业上对自己的帮助和支持,但对尼古拉有时在音乐创作上几乎近于固执的自信却常常无法忍受。

1874 年底,柴可夫斯基完成了他的得意之作《降 b 小调第一钢琴协奏曲》,1875 年 2 月完成了最后的配器。这个时期的柴可夫斯基已经从痛苦的"阿尔托之恋"中恢复过来,他在音乐界的影响日益扩大,十分活跃,他对自己的这部新作信心十足,于是决定把这部作品献给自己最尊敬和爱戴的尼古拉·鲁宾斯坦。

柴可夫斯基抱着扉页上写有"谨以此曲献给我最尊敬和爱戴的尼古拉·鲁宾斯坦"字样的乐谱兴冲冲地跑到尼古拉那儿,毕恭毕敬地把乐谱献给他,并且兴高采烈地在钢琴上弹奏起来。

柴可夫斯基预料尼古拉一定会很高兴，他希望得到尼古拉的赞语，然而尼古拉听着柴可夫斯基的弹奏，慢慢翻看着乐谱，一言未发，脸上几乎没有什么表情。柴可夫斯基竭力耐下性子，把协奏曲一直奏到底，尼古拉仍是沉默。

柴可夫斯基十分惑然，他好像正在经历把自己亲手做好的饭菜端到朋友面前，而他吃了却一声不响这种尴尬的场面，他只好小心翼翼地请尼古拉谈谈感受。结果尼古拉的批驳像滔滔不绝的洪水一般倾泻出来，他认为作品本身跟他的艺术趣味完全格格不入，把柴可夫斯基的这一部得意之作几乎批驳得体无完肤。柴可夫斯基怔住了，他由惊愕而失望，由失望而生气，最后竟愤怒得说不出一句话来，一言不发地拿起乐谱离开了。

为了发泄内心的不满，柴可夫斯基抹去了手稿封面上给尼古拉的题献，转而将此曲献给了德国著名钢琴家汉斯·冯·彪罗。彪罗果然很高兴，称赞这部协奏曲"是作者最完美的作品"。

10月，彪罗在美国波士顿把作品搬上了舞台，获得了巨大的成功，尤其是最后一个乐章那充满青春活力的回旋奏鸣曲式，特别受美国听众的欢迎。柴可夫斯基得知这个消息感到既痛快又担心，痛快的是事实证明他的作品并不像尼古拉说的那样糟糕，他终于出了一口怨气；担心的是怕这个消息刺伤尼古拉，因为那件事虽使柴可夫斯基怨忿，却无法动摇他对尼古拉始终不渝的尊敬和爱戴。

柴可夫斯基又一次出乎意

料了,尼古拉非但没有为此生气和伤心,相反不久以后,他就在巴黎及欧洲其他城市亲自指挥了这部协奏曲。

柴可夫斯基又一次被感动了,这时他才平心静气地重新考虑了尼古拉的批评。应该说尼古拉并不完全是吹毛求疵,他的批评体现了一种严厉的爱。于是,1889 年柴可夫斯基将这部屡获成功的作品做了全面的修改,使之变得更加完美,成为流传至今、为世界人民所喜爱的、充满了青春温暖和辉煌华丽的《降 b 小调第一钢琴协奏曲》。

所以,尼古拉·鲁宾斯坦的早逝对柴可夫斯基来说是一个无可比拟的沉重打击。他感到无比的悲痛与哀伤,觉得自己有许多话要对尼古拉倾诉。于是柴可夫斯基将这种深挚的感情倾注在笔端,创作了六首《沙龙华尔兹》钢琴小品来表达他对这位严师益友——尼古拉·鲁宾斯坦永远的怀念。

1882 年 1 月,柴可夫斯基又创作了第一个钢琴、小提琴、大提琴三重奏,这首三重奏是专为"纪念一个伟大的艺术家——尼古拉·鲁宾斯坦"而创作的,它挽歌似的哀婉,深深地表达了作曲家失去恩师与挚友的深深的悲痛和无比的怀念。

◉ 痛苦的初恋

黛西莉·阿尔托是柴可夫斯基一生中第一次热恋的女人,也是他一生中唯一热恋过的女人。他把一个青年人最宝贵的真挚和热烈的感情全部交给了她,可惜这场初恋并没有结出甜蜜的果实,温柔的开端,却没有完美的结局。它在柴可夫斯基天性脆弱、敏感的心灵上留下多少创伤,它对柴可夫斯基性格的影响,恐怕没有人能作出恰当的估计。

当时,柴可夫斯基在莫斯科的生活顺利,经济状况良好,周围的人因为他才能非凡而尊敬他、喜欢他。

但是,柴可夫斯基越来越忧郁,希望远离城市的纷扰而在农村过一种宁静的生活。他开始不再多言,力求回避社会和一切交往,他认为在妹妹身边生活才是一种幸福,当然他并不知道用何种形式才能实现与妹妹一家的"结合"。但是,不久之后的情况表明,他的这一计划是不可能实现了。

1868 年春天,在一次义演音乐会后的晚宴上,柴可夫斯基结识了意大利女高音歌唱家黛西莉·阿尔托。她是一个著名的圆号演奏家的女儿,一个更著名的小提琴家的侄女,曾就师于鲍拉因·维阿多特—格奇亚的门下。阿尔托当时已 33 岁,长得并不漂亮,但却有一张热情而富于表情的脸蛋,并且正处于艺术生涯的鼎盛时期。在当时,阿尔托简直就是一颗耀眼的明星,所以,柴可夫斯基迷恋上她是毫不足怪的。

由于柴可夫斯基天生的羞怯和过分的自卑,他们结识后,他只去拜访了她一次便分手了。1868 年秋天,阿尔托再次来到莫斯科。柴可夫斯基虽然非常想见她,但整整一个月都没敢去看她。

后来,他们在一次音乐晚会上邂逅了,阿尔托为柴可夫斯基这么长时间没去看她而感到十分惊讶,于是柴可夫斯基连连表示不久将去拜访她。但是,柴可夫斯基还是很难下决心履行自己的承诺,若不是途经莫斯科的安东·鲁宾斯坦硬拖着他去看阿尔托,他还是会因为难为情而不敢登门。

从那以后,阿尔托接连不断地向柴可夫斯基发出邀请,柴可夫斯基也逐渐养成了每天去看她的习惯。不久,他们开始感到相互间微妙的喜悦,紧接着建立了非常亲密的关系。

9月23日,黛西莉·阿尔托与意大利歌剧团合作于波尔肖伊演出罗西尼的歌剧《奥泰罗》。这部歌剧无论是表演还是音乐都非常不突出,但阿尔托精彩的演唱却彻底征服了柴可夫斯基的心,把他弄得六神无主。

柴可夫斯基发狂般地爱上了阿尔托,他推迟了正在排演的《总督大人》,把正在写着的一首新的交响曲《命运》搁置在一边,而以最快的速度创作完成了一首钢琴曲《F大调浪漫曲》,并在写好后立即奉献给阿尔托。这首钢琴浪漫曲很快就由尼古拉·鲁宾斯坦演奏,在柴可夫斯基健在时,演奏这首作品的还有安东·鲁宾斯坦、巴维尔·巴勃斯特、瓦西里·萨贝尔尼科夫和其他钢琴家。

然而,柴可夫斯基与阿尔托两情相悦的热恋很快就遇到两方面强大的阻力。阿尔托的母亲首先表示反对,她认为柴可夫斯基对于阿尔托来说,似乎太年轻了,两人相差五岁。同时,柴可夫斯基的朋友们也反对这件事,特别是尼古拉·鲁宾斯坦。

他们认为:柴可夫斯基一旦当上阿尔托的丈夫之后,就会担任"一个著名女歌唱家的丈夫"这样一个非常可怜的角色,就要随着她走遍欧洲的各个角落,靠她生活,不再有自己的事业。一旦爱情稍稍冷淡下来,剩下的将只是苦恼、维持面子、失望和毁灭。

柴可夫斯基当然也想到了这一点,只是他希望阿尔托能脱离舞台随着他住在莫斯科。但阿尔托说,她尽管那么爱他,但却不能下决心放弃舞台,舞台生涯已令她习惯,并且给她带来荣誉和金钱。

正如阿尔托不能下决心抛弃舞台生涯一样,柴可夫斯基也拿不定主意为她而牺牲自己的整个前途。他是那样痴迷于他的音乐事业,更何况凭着他的才华,他完全有可能成为最著名的音乐家。事情明摆着,如果柴可夫斯基盲目地追随着她,他将不可能沿着自己的道路前进。

柴可夫斯基很茫然,于是他写信征求父亲的意见,但是,父亲的答复非常含糊,对问题的解决没有多大帮助。面对爱情,面对令他痴恋的阿尔托,柴可夫斯基还是准备让步了。排除了所有的干扰,他们很快就举行了订婚典礼。

柴可夫斯基对未来婚姻是充满希望和憧憬的,在阿尔托即将去华沙演出的前夕,他们商定 1868 年夏天一起到阿尔托在巴黎附近的庄园去,他们的命运便在那里决定。但柴可夫斯基无论如何也没有想到,他热爱的阿尔托从此一去不复返,而且传来了阿尔托在华沙嫁给了西班牙男中音歌手巴狄鲁的消息。

当时,歌剧《总督夫人》的排练已经恢复。一天,柴可夫斯基正在指挥排练,尼古拉·鲁宾斯坦突然兴冲冲地跑来告诉他阿尔托结婚的消息。

柴可夫斯基听到这个消息后一言不发、脸色惨白地匆匆离开了剧院。他弄不清楚究竟是怎么回事，或许，这次婚事破裂的原因也许正在于阿尔托的自我牺牲精神、真正深刻的爱情以及意识到不互让就不能和柴可夫斯基幸福地结合，而这种互让对他的创作以及他的整个生活都是不利的。

柴可夫斯基这段疯狂的初恋就这样以阿尔托的"背信弃义"而告结束，他的心的确被深深地伤害了。但是他仍然默默地怀念着阿尔托，他既不能自我隐瞒，也不能向亲人隐瞒这种感情。

事隔一年，阿尔托再次来到莫斯科演出，柴可夫斯基怀着"迫不及待的心情"去聆听她的演出。当阿尔托光彩夺目地出现在舞台上的时候，"像病患者那样"等待着阿尔托到来的柴可夫斯基十分激动，他举起望远镜，盯着那熟悉而亲切的身影，任眼泪尽情地流淌……他再次确认，她是"世界上最杰出的艺术家之一"。

在此后多年里，柴可夫斯基依然十分崇拜阿尔托这样一位辉煌的艺术家、天才的歌唱家、动人的女性。

1887 年，柴可夫斯基已经声名显赫。出国旅行途经柏林时，挪威作曲家格里格告诉他，他昔日的恋人阿尔托正住在这里。听到这个消息，柴可夫斯基那久已平息的心又一次激动起来，虽然岁月无情，可是生命中纯洁的感情始终深深地烙印在心上。于是，在格里格的陪同下，柴可夫斯基拜访了已经 53 岁的阿尔托。

经过人生的沧桑和世事的变迁，这对曾经爱过、或许也恨过的艺术家又重逢了。手与手相握,四目相对,依然是那样熟悉,柴可夫斯基恍然又回到了从前。

他们兴奋地交谈着,谈别后的生活和艺术事业,谈人生的体验,唯有对过去的恩怨绝口不提,小心翼翼地躲避着心灵深处的那块伤痕。这次会面使柴可夫斯基"感到莫大的快乐",他感到阿尔托"还像20年前那样迷人"。回到旅馆已是夜深人静,柴可夫斯基的心却无法平静。

阿尔托请求柴可夫斯基为她写一首浪漫曲,柴可夫斯基却慷慨地一口气为她写了六首,他在给阿尔托的信中说:"我尽力满足您的要求,希望这六首您全部能唱,也就是说,六首都适合您现在的嗓音音域。我十分盼望这些曲子能合您的意,但遗憾的是我现在毫无把握;我是为自己心目中的一位最杰出的女歌唱家而写曲,内心感到有些着急。"阿尔托回信对柴可夫斯基的盛情表示了由衷的感激。从此以后,柴可夫斯基与阿尔托书信往来十分频繁,但两人却从没有再见过面,留在各自心中的只有美好的回忆。

柴可夫斯基的一生中,阿尔托是他唯一真正的情人。他以一种特别的心情来爱她。这种感情在他以后的生活中再也没有出现过。所以,柴可夫斯基称阿尔托是他"唯一的安慰"。

在这场转瞬即逝,余音却缭绕了几十年的爱情中,至今有两个问题仍然令人迷惑。一是关于阿尔托的不可思议的突然背叛。有人说是阿尔托背信弃义,见异思迁;但也有人认为是尼古拉·鲁宾斯坦等人要阻止这桩婚事而在后面做了手脚，阿尔托的背叛是他们阴谋的结果。二是这场失败的恋爱对柴可夫斯基的影响。

有人认为这次不幸影响了柴可夫斯基一生的恋爱观和婚姻观，但也有人觉得柴可夫斯基热恋着阿尔托，确切地说他爱的只是作为艺术家的阿尔托，而不是作为女人的阿尔托，因而他的悲哀是短暂的，损害的不是他的爱情而是他的自尊心。

当《总督大人》在莫斯科上演成功，柴可夫斯基在不下15次的谢幕中便把这种不幸忘记了。

这两个谜的准确答案恐怕只有长眠九泉之下的鲁宾斯坦和柴可夫斯基才能回答了，对于我们来说将永远是一个不解之谜。

◎ 永恒的旋律

1871 年 3 月，柴可夫斯基个人作品室内音乐会在莫斯科举行，并取得了巨大的成功。6 月，柴可夫斯基怀着十分宽慰的心情来到卡缅卡，住在妹妹亚历山德拉的家里，尽情地享受着久已盼望的平静生活。

卡缅卡的夏天是美丽的，绿草如茵，气候宜人。

夏天的人们也是兴奋的，他们常常放开歌喉唱出一曲曲旋律动人的民歌。1865 年，柴可夫斯基曾用他在这里听到的妇女们唱的一首民歌,谱就他著名的《降 B 调弦乐四重奏》。如今,柴可夫斯基又在草地上徘徊,寻找他的灵感……

一段时间以来,柴可夫斯基一直在酝酿着他的《第一弦乐四重奏》,可是他始终没有找到一段理想的旋律,这使他非常烦躁不安。

这天,柴可夫斯基又坐在窗前的桌旁冥思苦想,他总觉得有一阵阵冲动撞击着他,可就是捕捉不住。

那旋律一次又一次从他心中流出,又一次一次消失,沉寂的气氛使他有点儿焦虑,于是他就用他那漂亮的男中音信口哼起了他以前的作品,哼着哼着,他隐约听到窗外也有人在唱歌,那是一段怎样的旋律啊——悠扬而哀伤。柴可夫斯基情不自禁地停了下来,窗外的歌声渐渐清晰:"瓦尼亚将要坐上沙发,酒瓶酒杯手里拿,他还没有倒满半杯酒,就派人去请卡金卡。"他越听越激动,猛地打开窗子,拿起五线谱,两眼凝望着窗外的歌者,发出异样的光彩。

窗外是正在粉刷墙壁的泥瓦匠瓦夏,他本不敢发出太大的声响以免惊动室内的先生,可是,当他听到室内的先生正在哼歌时,便忍不住放开喉咙发泄一下,可唱着唱着,他无意中抬起头来,看到柴可夫斯基正凝视着他。他以为先生要怪罪他了,于是吓得丢下工具撒腿就跑。柴可夫斯基这时正等待着瓦夏的再次重复以便核对记录,但不料他却来这一手,心中好不懊恼。然而那首动人的曲调是如此地打动了他,一直萦绕在他的脑际。夜深了,柴可夫斯基总是不能入睡,像小时候一样,音乐又在他的头脑里搅得他无法安静。

第二天一清早,瓦夏又来粉刷墙壁了。柴可夫斯基激动地迎上前去,小心谨慎的瓦夏以为先生来兴师问罪了,已无法逃脱,他只得上前道歉说:"对不起,柴可夫斯基先生,昨天我打搅您了。"

柴可夫斯基笑了,他亲切地说:"哪儿的话,你能再唱一遍昨天的歌吗?那实在太好听了。"说完,他就掏出五线谱来,热切地看着瓦夏。瓦夏见先生如此和颜悦色,提着的心也就放了下来,便毫无顾虑地唱了起来……

柴可夫斯基迅速记下了谱。这首带有诙谐性词句的歌曲以其音调的优美和新奇令柴可夫斯基喜爱,这种音乐是这样地切合慢乐章主题。动人的旋律给了他创作的灵感,他很快就完成了酝酿已久的《第一弦乐四重奏》,这首民歌被用做其中第二乐章《如歌的行板》的主题。

《如歌的行板》是柴可夫斯基一首杰出的作品,它充分体现了柴可夫斯基创作的一大特点,这个特点正如苏联作曲家沙波林所说:"俄罗斯和乌克兰的民间歌曲,城市里的罗曼斯曲,还有欧洲的民间歌曲,不但是柴可夫斯基'引用的素材',而且成为他创造那些应该用来和群众说话的音乐语言的基础。"柴可夫斯基用来自群众的歌声创作,自然在他的作品中反映了人民大众的思想感情。

《如歌的行板》几乎成了柴可夫斯基的代名词,正像亨德尔的《广板》一样,世人有时简直忘了作者还写过别的作品。

1871 年 3 月,《第一弦乐四重奏》初次演奏即获成功,后来又在彼得堡、基辅、柏林、波士顿、巴黎、罗马等地先后演出,柴可夫斯基亲眼看到这部作品取得了巨大成功。听众特别喜爱第二乐章,这个乐章后来经常在音乐会上单独演出,不仅用四重奏方式,而且还改编成大提琴与弦乐队协奏曲或管弦乐曲,作曲家经常在个人作品音乐会上亲自指挥这部作品演出。

对于柴可夫斯基来说,《如歌的行板》带给他的喜悦不仅在于历次演出的成功,还在于这首乐曲被他所崇拜的托尔斯泰所喜爱,所赞扬。

1877年1月,俄国文学泰斗托尔斯泰来到莫斯科,访问了已颇具盛名的柴可夫斯基,并表示对他的作品感兴趣。柴可夫斯基十分高兴,甚至有些受宠若惊了。因为他一直视托尔斯泰为"半人半神"。于是他怂恿莫斯科音乐学院院长尼古拉·鲁宾斯坦在音乐学院中举行一次音乐晚会来招待托尔斯泰,会上演奏了柴可夫斯基的《如歌的行板》,这悠扬缓慢,情感真挚的民歌主题在曲中以变奏的手法反复出现,如怨如慕,如泣如诉……

座中,托尔斯泰被这忧伤的旋律深深打动了,眼泪竟然情不自禁地从他那深邃的眼睛里流出。从忧郁痛苦到抗争渴望,当乐曲最终犹如恸哭后的呜咽啜泣结束在虚无缥缈的梦幻中时,托尔斯泰竟久久地呆坐在那儿,没有反应,他完全沉浸在那哀婉缠绵的乐曲中了……

音乐会后,作曲家在日记中写道:"当列夫·托尔斯泰坐在我身边听我的《如歌的行板》乐章时,两行热泪流下了他的面颊,我有生以来从未感到这样满足,从未因自己的创造力感到这样骄傲。"

很快,两位艺术家互通了信件。"……在莫斯科的最后一天,将永远留在我的记忆中。我的文学创作从来没有像那天晚上似的,得到那么多的酬报。我已经接触到受苦的人民的灵魂了。"托尔斯泰写信给柴可夫斯基,这样表达了他当时的心情。

得知自己的作品竟有如此神奇的作用,柴可夫斯基真是喜出望外,他全然忘记了举办音乐会时自己多余的担心。他对这位能洞察人的心底,开拓人类心灵的伟人,怀着敬重的心情回信说:"像您那么伟大的艺术家的一双耳朵,要比一双普通的耳朵更能给予音乐家以鼓励。至于我,知道了我的音乐竟能感动您、迷住您,我是多么高兴而骄傲呀!"

托尔斯泰在访问音乐学院以后,还给柴可夫斯基送去了手抄的俄罗斯民歌集,让作曲家浏览后在自己的作品中运用民歌集中的某些歌曲。托尔斯泰附言说,民间旋律在柴可夫斯基手中将成为奇妙的宝藏。

《如歌的行板》给了柴可夫斯基自信与力量,他从来没有如此为自己的作品自豪过。同时,他也深深地懂得《如歌的行板》深受广大群众喜爱的根本原因,那就是:来自人民,反映人民的疾苦,奉献给人民。

◎ 天鹅湖之波

著名芭蕾舞剧《天鹅湖》可谓历经坎坷,从诞生起它就命运不济,在漫长曲折的发展过程中,伟大的作曲家柴可夫斯基创作的杰出的音乐是使它一再复苏并最终焕发出耀眼光辉的"生命之源"。

1871年夏,柴可夫斯基来到卡缅卡妹妹家里小住。他每年都盼望到这幽美的地方来,他爱卡缅卡的一草一木,也爱卡缅卡的人们,更喜爱卡缅卡的可爱的外甥们。

作为一个好舅舅,柴可夫斯基每次都要带一些珍贵的礼物来,这次也不例外,他决定送给孩子们一份特殊的礼物——

小舞剧《天鹅池》，这是多么珍贵而不可多得的礼物啊！德国作家莫采乌斯的童话《天鹅池》讲述了一个青年骑士，为了救出被恶魔变成天鹅的美丽姑娘，与恶魔搏斗，并将他击败，最后与姑娘结成夫妇的故事。

这样一个正义战胜邪恶的故事是如此的动人，柴可夫斯基把它献给了孩子们，孩子们自然欣喜若狂。只是柴可夫斯基没有想到，四年以后他还会把这一小舞剧翻开，谱写成他的杰出的四幕芭蕾舞剧《天鹅湖》。

1875 年春，柴可夫斯基的好友、莫斯科大剧院的艺术指导弗·别吉切夫约请柴可夫斯基为他与另一位作者弗·盖里采尔合写的大型舞台剧本《天鹅湖》谱写音乐。

舞剧描写了一个动人的神话故事：住在悬崖上的恶魔巴尔特把美丽的公主奥杰塔变成了栖息在湖面上的一只白天鹅，只有到晚上才能恢复人形。勇敢、多情的王子齐格弗莱德打猎到湖边，深深地爱上了奥杰塔。恶魔使用诡计破坏王子和奥杰塔真挚、纯洁的爱情，恶魔的女儿奥季丽雅装成奥杰塔的模样，欺骗了王子。当王子发现这一阴谋之后，立即奔向他倾心的奥杰塔，他用坚定、忠贞的爱情表白取得奥杰塔的谅解，在正义和爱情力量面前，恶魔的魔法不起作用了，奥杰塔终于恢复了人形。柴可夫斯基非常喜欢这个故事，所以欣然接受了这一任务，1876 年 4 月，四幕芭蕾舞剧《天鹅湖》的创作终于完成。

1877 年 2 月 20 日，《天鹅湖》首次公演，舞台上充斥着旧式的布景与服装,而那不连贯的七拼八凑的音乐却不绝于耳。结果是这出舞剧令所有的人失望。

痛苦中的柴可夫斯基谦逊地将失败归咎于自己的舞剧音乐没有写好,尤其是当他把自己的音乐同德里勃的芭蕾音乐《希尔薇亚》做了一番比较之后,他更加觉得《天鹅湖》其实只是"贫弱"的"拙劣之作"。

这种认识与其说是柴可夫斯基的谦逊,倒不如说是他的自卑。但朋友们却多次对他的这一舞剧音乐赞不绝口。拉罗什就认为:虽然首版的《天鹅湖》的舞蹈没有任何值得称道之处,但作曲家的音乐倒使乐迷们享受到了很大的快乐。从音乐的头几小节开始,人们便可觉察出真正大师的手笔。几页乐谱过去后,我们就已经知道,大师当时正处于情绪极佳的状态,而且他的创作又正值炉火纯青之时。尽管朋友们的评价是公正的,可柴可夫斯基还是不时地想加以修改。

由于《天鹅湖》首演的惨败,这部舞剧仅仅演出了很少的几场就被大剧院抛弃了。然而那美妙的音乐,尤其是温柔、优雅而凄切动人的天鹅主题则充满了生命力,很快便流传开去……

只要是珍珠,就总有再见阳光之日,杰出的舞剧音乐不会永远埋没的。1888年2月21日,柴可夫斯基的第二次布拉格音乐会在捷克的国家剧院举行。此时的柴可夫斯基虽已功成名就,然而音乐会上《天鹅湖》第二幕的演出成功还是使他欣喜万分。10多年前的那次惨痛一直是他心中的一个结,那创伤仍在隐隐作痛。

一直到柴可夫斯基去世后,《天鹅湖》再次引起人们的兴趣,而且正是由于编舞家马利尤斯·此悌帕的努力,《天鹅湖》才最终于1895年1月27日完全照原作进行了演出。至此,人们才清楚地意识到,柴可夫斯基在其初次的尝试中,通过创作一部杰作,已经提高了俄罗斯芭蕾的整体水平。从那以后,许多其他作曲家都受到过《天鹅湖》的影响和鼓舞。

尽管柴可夫斯基生前再也没能看到那美丽的白天鹅在他的音乐中得到真正美妙的"升腾",但作为一名艺术家,他是可以感到欣慰的。他的音乐经过岁月的考验始终放着光芒。

◉ 睡美人醒了

法国作家培罗的童话《睡美人》百年来一直是人们百读不厌的作品,这个光明战胜黑暗、爱情战胜邪恶的动人故事一直激励着艺术家们,使他们产生一种冲动:把它搬上舞台,让观众从更直接的视听感受中来欣赏它。然而因为它太通俗了,人们对它是那样的熟悉,这就给改编工作带来了许多的不便与障碍。1829年4月,巴黎歌剧院上演过一部《睡美人》,就由于这种原因而未能流传下来。

1890年,当沉睡了60年之久的"睡美人"终于在俄国芭蕾舞台上重新醒来时,人们无比地欣喜,这种欣喜决不亚于杰齐林吻醒奥罗拉后整个王宫中群臣的兴奋。然而这一次使"睡美人"复活的不再是杰齐林那深情的一吻,而是俄国作曲家柴可夫斯基与"俄国芭蕾奠基人"马留斯·彼季帕的功劳与心血。

1877 年，舞剧《天鹅湖》初演失败，柴可夫斯基将失败归咎于自己的音乐。尽管我们现在把它当作柴可夫斯基谦虚的美德来赞扬，而在当时却实实在在是他对于自己创作舞蹈音乐能力的一种怀疑与否定。

天生脆弱的柴可夫斯基不愿再次面对失败，他于是确信舞剧不是自己擅长的领域，失去了再次谱写舞剧音乐的勇气和信心。

1888 年第一次西欧旅行演出的成功，给柴可夫斯基带来了无比的喜悦，他快乐的心情以及此时的创作冲动促使他愉快地接受了《睡美人》的创作。1888 年 12 月，他开始着手创作，仅仅过了不到三个月的时间，这部三幕芭蕾舞剧就已全部草拟出来了。

尽管 1889 年整个春天，柴可夫斯基都在国外忙碌，他却始终惦记着他的《睡美人》。为了 1890 年初《睡美人》的首演能够如期举行，柴可夫斯基第二次西欧旅行演出一结束就连忙返回俄罗斯。他回到弗罗洛伏斯戈伊自己的家中，愉快地致力于《睡美人》的创作，以全部精力投入到最后完成全剧总谱的工作中去。尽管在写总谱的过程中，柴可夫斯基遇到了一些麻烦，可是凭着他的灵气与博采众长，他还是自如地应付了过去。8 月 28 日，柴可夫斯基终于完成了《睡美人》三幕的全部创作。

第一幕，童话中的国王弗罗列斯坦与王后正在为奥罗拉公主庆贺 16 岁的生日。来自各国的王子向美丽的公主求婚，她翩翩起舞(《花之圆舞曲》)。客人中还有花神、物神等10多位仙女,唯独没有请魔神卡拉波斯。卡拉波斯乘坐老鼠拉的车子闯入大厅,对公主发出了诅咒:公主在玩纺锤时被碰伤,并昏睡100年。公主不幸中了咒语,王宫所有人都随之沉睡。

若干年后,王宫成了一座静寂的森林。

第二幕,100年后,年轻的王子杰齐林在紫丁香仙子的引导下,来到昔日王宫所在的森林,亲吻沉睡中的公主,表达无限爱慕之情。王子的吻解除了魔神的魔法,整个沉睡的王国苏醒了。

第三幕,王子与公主举行热闹的婚礼。仙子们、童话中的人和动物纷纷登台表演舞蹈,婚礼成了狂欢节。最后,是新婚夫妇的双人舞及全体来宾热烈的玛祖卡舞。

1890年1月15日,《睡美人》在彼得堡玛林斯基剧院首场公演,观众极其踊跃。沙皇三世带着一批显贵们也观看了演出前的排演,然而当他接见柴可夫斯基时,这位自诩为芭蕾保护者的君主只不过毫无热情地说了声"很好",就再也吐不出什么赞词来了。

公演结束后评论家们的评论也并不都令柴可夫斯基满意,他们对《睡美人》褒贬不一。

尽管评论家们的意见纷纭,莫衷一是,但《睡美人》却未因此再次沉睡过去,她一直活跃在世界芭蕾舞坛上,并一跃成为俄国芭蕾的一部经典著作。今天,在我们看来,不管怎么说,《睡美人》的首演都是一次巨大的成功。柴可夫斯基与编导大师的心血毕竟没有付诸东流。

● 最后的悲怆

1891 年,刚过完 50 岁生日的柴可夫斯基看上去已经比实际年龄要老得多了。生活上的打击、事业上的艰辛使他的身心过早地衰老。

然而,热爱音乐并将它视为自己生命的人岂能轻易舍弃音乐?柴可夫斯基虽然缺乏自信,却常常想与命运抗争。秋天,他在自己的新居克林完成了《降 E 调第六交响乐》,不幸的是,这部交响乐"是一个由声音构成的空洞的典范,没有真正的灵感,只是为了写作而写作的东西",所以他毅然将它们焚毁了。

就在柴可夫斯基又一次陷入失望的时候,命运之神出人意料地给了他公正的回报:冬天,他被法兰西学院选为通讯院士;英国剑桥大学授予他名誉音乐博士学位;他荣获了彼得堡室内音乐学会的奖章……

这一系列的荣誉使柴可夫斯基欣喜,并且因此而增添了自信。本来,柴可夫斯基从事最后几次旅行时就一直在缅怀往事,深感悲哀和身处异邦的孤独,于是产生了创作新作品的念头,作为自己一生的总结。

所以,1893 年,自称"筋疲力尽"、"不中用"的作曲家又投入了工作——创作一部新交响乐:《标题交响乐》。

19 世纪末的俄国,千疮百孔。人民在贫困中呻吟,他们渴望自由,向往美好生活的希望化为乌有,人类的尊严受到了沙皇的践踏。柴可夫斯基不堪忍受这种矛盾,便借助音乐,借助这部交响乐来发出他控诉、愤慨的声音。

1893 年 2 月,他回到克林,确信自己再也没什么前途。柴可夫斯基带着不可言说的深深苦痛开始了他的《第六交响曲》的创作,正是这部作品,对他个人来说,将证明他的戏绝没有演完;对全世界来说,将证明这是作曲家的伟大杰作。

其实,柴可夫斯基并不像他所认为的那样已失去了创作力,相反的在创作《第六交响曲》的过程中,他惊喜地发现"自己尚未到达不中用的地步",尽管在配器方面存在惯常遇到的困难,柴可夫斯基还是在 8 月底以前写好了总谱。

柴可夫斯基含着泪写好了总谱,他几乎把"整个心灵都放进这部交响曲"了,他爱它,"我以自己的名誉担保,我从未像认识到自己创作了一部好作品那样,感到自满、骄傲和快乐。"

《第六交响曲》终于在俄罗斯音乐协会举办的音乐季首场音乐会上公演了,由柴可夫斯基亲任指挥。正如作曲家曾经预言的那样,反应平平,作品未能激起观众的热情,它只取得了有限的成功。长期以来,一直对自己作品的成功十分敏感与在意的柴可夫斯基,这次却出人意料地保持了平静。

柴可夫斯基毫不动摇地坚信《第六交响曲》是他所作的或者他将作的最好的作品,甚至在公演的第二天,就将总谱送交尤根逊出版,只是标题还没定下来。柴可夫斯基既不想仅仅标上作品号码,同时又放弃了原来称之为《标题交响曲》的打算。

《第六交响曲》是柴可夫斯基最后激情的喷发,宛如一位饱经人世沧桑的老人,在沉思、惆怅和寻找的同时发出了叹息与哀伤的曲调……人们在音乐声中感受到自己的呼声,作曲家在音乐声中寄托了他对死亡的敏感。是的,此时的柴可夫斯基似乎听到了人生走向死亡的前奏,他听到了死神的召唤,然而,他始终也没有料到死亡已距离他那么近了。

1893 年 11 月 6 日凌晨 3 点钟,俄罗斯天才的音乐家柴可夫斯基离开了人世。

柴可夫斯基不愧为音乐史上继莫扎特、贝多芬之后的第三个里程碑。他的光辉永不会熄灭。

第六章

与命运抗争的强者贝多芬

◉ 苦难的童年

在德国西部，有一个美丽古老的历史名城，这就是波恩城，它是伟大的音乐家贝多芬的故乡。

1770年12月16日，贝多芬出生在这座城市的一个破旧的阁楼上。在这里，巍峨挺拔的阿尔卑斯山脉，好像山峰都在高唱社会历史变迁的凯歌；碧蓝的莱茵河水奔流向前地穿过群山，宛如鸣奏着英雄奋发的交响曲，这些山脉与水泊，熠熠闪烁出历史上古往今来的文明之光。

在波恩这座历史古城，历代的统治者都把它当作自己的官邸，这里有著名的大学，商贾云集，兴旺发达。在18世纪欧洲封建王室贵族的娱乐生活中，音乐和戏剧一样，都占有重要的地位。公爵、侯爵们往往都拥有自己的私人宫廷乐队。

贝多芬的祖父名叫路德维希，是家族里最优秀的人物，当时就在一位诸侯的宫廷乐团里担任乐长的职务。父亲约翰是乐团里的一名高音歌手，母亲是位仆人。当祖父还沉浸在荣升的喜悦之中,小贝多芬的出生无疑给这个家庭带来了无比的欢悦之情。

祖父津津乐道地和全家人谈着新生的婴儿,从相貌甚至他的哭声,因为他长得太像祖父了,所以全家人就给他取了一个和祖父相同的名字,这就是后来举世闻名的音乐巨人路德维希·凡·贝多芬。

由于贝多芬外貌酷似祖父,而且又有一个和祖父相同的名字,因而格外受到祖父的宠爱。祖父常常抱着他坐在古钢琴前教他学唱儿童歌曲或者弹上几曲,兴奋之时,祖父还展开自己优美动听的歌喉,唱上一曲又一曲。虽然贝多芬连话还说不清楚,但是他却认真地模仿祖父演唱的形象。

日积月累,小贝多芬对音乐的敏感力大大提高,甚至在祖父唱过两遍之后,他就可以丝毫不差地把歌曲唱下来。每当这时,祖父总是惊喜万分。如果他将来真的能成为一个优秀的音乐家,当上宫廷乐长,那是多么令人兴奋的事情呀。

1773 年,贝多芬无忧无虑的生活基本结束了。他最喜爱的祖父病逝了。

祖父去世以后,家境越来越糟,收入减少,只靠父亲一人挣钱养家,母亲辛劳地操持着家务,温柔善良。贝多芬 4 岁以后,母亲又相继生了两个弟弟:卡尔和约翰。人口增多,收入减少,使父亲的脾气越来越坏,同时还常常借酒消愁,渐渐地嗜酒如命,每次从酒店回家时,总是囊空如洗,满嘴的酒气和胡言乱语,使母亲陷入十分为难的境地。

酗酒过度的父亲,想在具有音乐天分的儿子贝多芬身上开拓,把他当作神童一般炫耀,想利用贝多芬音乐天资来挣上一笔钱。

而才只有 4 岁的贝多芬,还没有享尽父母的爱抚和温情,却要过早地承担挣钱养家的重担,这真是一场悲惨而残酷的事实。

父亲对贝多芬的学习是非常严厉的,从 4 岁开始,他就整天地坐在古钢琴前或者用一把提琴,进行着无休止的枯燥乏味的练习,而满身稚气的贝多芬还承受不了这样繁重的练琴,听到外面小朋友玩耍的嬉闹声,贝多芬是多么希望能和小朋友一同玩耍。

有时,放在键盘上的小手指就情不自禁地停住了,每到这时,父亲就粗暴地向他大叫:"手指不要停下来。"甚至有时还加以木鞭的抽打。他想和小朋友一块玩会儿的愿望是根本无法实现的。尽管小贝多芬十分喜爱音乐,也经受不住父亲这样严厉而苛刻的训斥,因此常常偷偷哭泣。练琴成了一件残忍的事情,已经失去了音乐本身所具有的欢乐。

贝多芬身上所具有的音乐天赋,并没有因为这种苛刻的练习而受到挫折,反而在日复一日的艰苦磨炼中,被发掘出来。他的演奏水平日渐提高,8 岁时,已经举行了公开演奏会。9 岁时,他的钢琴演奏水平已经远远地超过了父亲,而父亲则在暗自计划可以利用他的演奏好好地赚一笔钱了。

当人们听说弹得一手好钢琴的孩子的父亲是一个酗酒者

时,都吃惊了,在那样的家庭环境中能培养出这样一位好孩子真是不容易。然而贝多芬从小就懂得了生活的艰辛,更加发奋地练习,音乐才华不断发掘,才能日益提高。

由于他本身的努力,且进步飞速。父亲已不能胜任对他的教学了,便把贝多芬的教学委托给他的好朋友浦费佛。浦费佛音乐素质较高,弹得一手好琴,但是言谈举止较为粗鲁,常常在深夜酩酊大醉之后,把小贝多芬从睡梦中拉醒给他上钢琴课,开始,小贝多芬极不适应这种近乎疯狂的教学方式,很快贝多芬就有了较强的自制能力,尽管在深夜中、在睡梦中被叫醒,只要他一坐在钢琴前,就能集中精神专心地弹奏钢琴,直至东方发白……

机遇的大门总是向勤奋的人打开的,贝多芬9岁以后,有幸向波恩城的宫廷乐长聂费学习演奏,同时,在聂费先生的亲自指导下,广泛地了解和研究世界各国的音乐和作曲理论。聂费先生常常赞美贝多芬,为有贝多芬这样出色的学生感到非常自豪。

在贝多芬12岁时,有一天忽然被聂费先生叫到家里。

老师对他说:"我将要陪同侯爵到另一城市短期旅行,我不在时,宫廷教堂里做弥撒弹奏管风琴的任务就交给你了。"

这把年幼的贝多芬吓了一跳,便对老师说:"替老师在教堂里弹风琴,我能行吗?"

老师深情的目光鼓励着他:"全波恩城谁也比不上你。"

面对老师的热情鼓励,贝多芬果断地回答:"我尽最大的努力去做,请老师安心旅行去吧。"

因此,在聂费先生外出期间,12岁的贝多芬出色地完成了教堂中弹风琴的任务,同时,他的名字也在波恩城被人们传赞。

贝多芬13岁时,就被任命为宫廷的风琴手了。弥撒是从每天清晨6点开始,因此,贝多芬必须在6点以前到达教堂,在秋冬两季,常常是在黑暗的黎明之前就起床上路。每当他坐在风琴旁,小手指落在键盘上时,他的心灵也庄严肃穆起来,跟着向上帝祈祷:

"请给我母亲幸福,希望我的爸爸不要喝太多的酒,让弟弟妹妹快乐幸福,也让我在音乐的道路上继续前进。"

这一切的祈求,虽然像灵光一样闪逝而过,但却映照了少年贝多芬善良的心地和奋发向上的追求。

一个年仅13岁的孩子,得到了宫廷的赏识和重用,无疑使疲惫的母亲感到兴奋,虽然他从宫廷中领到的工资很少,但毕竟对一个贫困的家庭多少有一些帮助。他还安慰母亲说:"从今以后您可以过得舒服一些了,再也不用那样受累了。"

后来,贝多芬在宫廷里担任了成年人的工作,并且还有一份菲薄的工资,这使他的父亲非常得意,天天喝酒,本来是想减轻母亲的负担,给妈妈带回微笑,但事与愿违,酗酒的父亲依然整天烂醉如泥,家中仍然贫困,母亲丝毫也快乐不起来。加上他的弟弟去世,家庭生活黯然失色。

当贝多芬16岁的时候,他最小的妹妹又夭折了,这给终日愁眉不展的母亲又带来了无比的悲伤,由于长期的劳累,积劳成疾,患了严重的肺病,很快便卧床不起,面容憔悴。尽管贝多芬竭尽全力照料母亲,到处求医诊治,仍然没有效果。就在他17岁(1787年)那年的夏天,母亲离开了人世。慈母的去世,使贝多芬悲恸欲绝。

贝多芬的童年生活尽管是如此的悲惨,但他对这段苦难的生活永远保持着一种凄凉的回忆。失去母亲的痛苦,在布鲁宁的家中得到了安慰和补偿。布鲁宁夫人是一位慈祥、善于体贴人的妇人,她非常同情贝多芬的处境。

◉ 奋进的青年

由于贝多芬童年的不幸和太多的苦难,造就了他青年时期一副壮实的骨骼,尽管他身材不高,但他却磨砺了自己伟岸倔强的性格和坚强的意志品格。

他的额头宽广,棱角分明,突隆显现,乌黑的头发,浓密厚实,好像梳子从未在上面光临过,四处逆立,眼中燃烧着一股奇异的威力,使所有见到他的人都为之震慑。他常用忧郁的目光向天凝视,鼻子宽而方,竟像是一头狮子的相貌。

略显秀气和细致的嘴巴,下唇比上唇稍显突出,脸庞的下巴左边还有一个深陷的小酒窝,说话之间有着一副令人可爱的微笑和高兴的神气。但是在另一方面,他却是一个不苟言笑的人,他通常的表情是严肃和忧郁的,显露出心灵深处一种无法医治的哀伤。

贝多芬从青年时代开始就向往着自由平等的民主思想。那时,欧洲的各国都由国王统治着,法国人民要求民主,反对压迫,坚决要求打倒暴虐国王的独裁统治,建立一个民主自由的国家,这就是1789—1794年的法国资产阶级大革命时期。

这场轰轰烈烈的大革命席卷了整个欧洲。其他国家的统治者看到这种情况，非常害怕自己国家的人民也起来革命。因此，他们预谋联合起来，想迅速镇压这场来势凶猛的革命。

于是，奥地利和德国首先联合起来，向法国发动了战争。这时，贝多芬来到了当时革命新思想的中心地波恩大学，在那里的哲学系当旁听生。接受了最初的革命思想，心中涌动着爱国主义的精神和感情。

1792 年 7 月 14 日，当战事蔓延到德国波恩时，贝多芬离开了故乡，搬到了音乐之都维也纳去了，从这个时候一直到他逝世，他几乎没有离开过维也纳。尽管人到了维也纳，但1789 年的法国大革命和资产阶级的反封建运动，使贝多芬进一步确立了民主主义的信念。

来到维也纳，贝多芬十分珍惜在这里的时光，他渴望能向著名作曲家海顿学习作曲。遗憾的是，当时的海顿正处于盛名的高峰。因此，他每天忙于作曲和应酬，根本抽不出时间来教贝多芬。而且酷爱学习的贝多芬发现海顿并没有帮助他纠正作品中出现的错误，这令贝多芬十分不满意，失望之中便中断了向海顿学习。

但贝多芬并没有因此而消沉，他不辞辛劳，访遍了维也纳的音乐家，逐个求教。很快的他就赢得了声誉，最初是以他那神奇的钢琴演奏。

维也纳是欧洲著名音乐家的云集之地，藏龙卧虎，而当时才只有 20 多岁的贝多芬能不能被人们承认是一件很关键的大事。维也纳的贵族富豪家里常常举办小型音乐会。

贝多芬曾在布鲁宁夫人家中认识了华尔斯坦伯爵。后来，他通过伯爵的介绍信的帮助，投到李希诺夫斯基公爵门下，这个公爵特别爱好音乐，并且十分富有，他很赏识贝多芬，答应做他的"保护人"。公爵家里每周五都要举办音乐会,其规模和影响在维也纳是非常出名的,因此,到他家听音乐会的人,总是满满当当的,座无虚席。

不久,公爵就为贝多芬举办了钢琴演奏会。在宽大的客厅中,贝多芬在钢琴前开始演奏起来,他的演奏充满了激情,奔放而热烈,震撼着每一位听众的心弦,在场的听众渐渐情绪激动起来,因为他们从来没有听过像贝多芬演奏的这样昂奋和热情的音乐,甚至在维也纳,也从来没有听过像这样充满活力、非凡出色的钢琴演奏。

贝多芬获得了成功。他的名字在维也纳迅速地传扬开来。一下子轰动了整个维也纳。他的演奏是世界钢琴演奏史上一种卓越的成就。他把戏剧性的、炽热的激情和民歌风格的、宽广舒缓的意趣融为一体。以后,每隔两三年,他就举行一次演奏会,不断地把新的创作介绍给听众。同时,他还到欧洲各地作巡回演出,誉满全欧洲。

年轻的音乐家不断地充实着自己。在老师申克的帮助下,贝多芬把初来维也纳时所带的草稿都开始变成了现实,如第一号作品《三首钢琴三重奏》。这之后直到1801年,贝多芬的很多作品已经在当地出版了。贝多芬在维也纳开始有了新的起色,《悲怆奏鸣曲》、《月光奏鸣曲》等较为著名的作品就是在这个时期被创作出来的。

◉ 战胜病魔

贝多芬度过苦难的童年和少年时代,经过多年的奋斗,终于被社会承认,这本该是无比幸运了,然而痛苦的现实又在向他敲门,而且一旦依附上便永远不再退去。

贝多芬27岁时患了耳聋病,对于一个即将成名的音乐大师来说,没有什么比失去听力更可悲了。起初他以为只是一时的耳病,便去请医生治疗,但是,耳聋不但未见好转,反而更加恶化。他的两耳整日鸣响,听觉越来越衰退,内心也受到剧烈的痛苦折磨。他没有把耳朵丧失听力的事告诉任何人,独守着这可怕的秘密,连最心爱的朋友也不说,他尽量避免与人见面谈话,以致他的残废不被别人知晓。

30岁以后,贝多芬的耳聋越来越严重。对周围经常和他接触的人,无论怎样隐瞒病情,人们也会逐渐发现,和他谈话时如果站得离他稍远一点儿,他就瞪着眼睛不回答,但过一会儿,他又向别人发问。开始,人们还以为这可能是贝多芬的怪癖,后来大家才知道是因为他的耳朵听不见声音的缘故。

直到1801年,贝多芬再也不能沉默了,他将自己的病情用信件的形式告诉了牧师卡尔·阿芒达。

他在给阿芒达牧师的信中写道:

"我亲爱、善良、恳挚的阿芒达……我多么希望你能常在我身旁!你的贝多芬真是可怜至极,你知道我的听觉已大大地衰退了。当我们在一起时,我已显现许多病象,我瞒着;但从此越来越恶劣……还会痊愈吗?我当然充满希望,可是非常渺茫;这类的病是无药可治的。我过着凄凉的生活,避开我心爱的一切人物,尤其在这个如此可怜,如此自私的世界上!……我不得不在伤心的隐忍中寻找栖身之地!固然我曾发誓要摆脱这些祸害;但又如何可能呢?……"

这种悲剧性的愁闷与苦恼的心情,在当时和后来的许多音乐作品中都有所表现。

1801 年,陷入肉体痛苦中的贝多芬又受到了精神上的痛苦——爱情的失落与煎熬。他遇到了一位令他倾心相爱的姑娘琪丽尔荻,贝多芬为了这段情缘付出了很高的代价。第一,爱情使他格外感到自己残疾的耳聋和艰难的境况,使他无法娶他所爱的人。第二,年轻的姑娘琪丽尔荻太稚气、太自私甚至有时很轻佻风骚,这些都使贝多芬十分苦恼。1803 年,她与一位伯

爵订婚,同年 11 月,她嫁给了伽仑堡伯爵。这无情的事实是对贝多芬心灵的巨大摧残,似乎到了癫蹶的地步,这莫大的屈辱使贝多芬几乎陷于绝望之中,他差不多要结束自己的生命了。

作为音乐大师的贝多芬当然比我们常人有着更为坚强的一面,一种无法抵抗的力量把痛苦和忧郁一扫而光,这显然是他的坚强意志占了上风,生命的沸腾掀开了乐曲的篇章。贝多芬渴望幸福,能勇敢地面对命运的挑战。他渴望耳疾的痊愈,渴望爱情,他对未来充满了希望,憧憬着美好的前景。

◉ 英雄之路

饱尝耳聋的打击折磨、爱情的失败，贝多芬并没有因此而消沉下去。他摆脱了这些令人窒息的痛苦心情，全身心地投入到他的音乐创作中去。

贝多芬一生创作出了许多优秀的音乐作品，其中在他的创作领域中的重要一面就是交响乐的创作。他共创作了九部交响曲。其中最著名的是他的第三交响曲《英雄》、第五交响曲《命运》、第六交响曲《田园》、第九交响曲《合唱》。贝多芬在开始写交响曲时还不满 30 岁，贝多芬的创作最旺盛最成熟时期是 1801—1814 年，九部交响曲中除了第九《合唱交响曲》之外，其余的八部都是在这个期间完成的。足见他旺盛的创作热情和巨人一般的工作能力。

贝多芬的《第三交响曲》又称《英雄交响曲》，它是在怎样的情况下创作完成的呢？

最能反映出贝多芬生活时代的特征恐怕就是 1789 年爆发的法国大革命了。当时贝多芬只有 19 岁，母亲的病逝，父亲的酗酒，使他不得不负起全家的生活之计。通过生活的磨炼，贝多芬的心中充满了自由、平等、博爱的理想。他积极拥护法国资产阶级革命。

1802 年，贝多芬动手写作《第三交响曲》。在贝多芬的心中英雄便是这位法国军队的最高长官拿破仑·波拿巴。虽然自己不是法国人，但他非常崇敬这位为祖国而英勇战斗的拿破仑，他仿佛是一个革命的古罗马人，受着普鲁塔克的影响和熏陶，梦想着一个英雄的共和国。由这位胜利之神的英雄而建立,把拿破仑看作是资产阶级革命意志的执行者。于是,他决定为拿破仑谱写一首交响曲,以此来歌颂法国人民的革命,向拿破仑致敬。

1803 年,贝多芬怀着满腔热忱,以巨大的热情全力地投入到这首交响曲的创作之中。在创作的过程中,他一想起拿破仑为了拯救自己的祖国和全体法国人民,舍生忘死地同敌人浴血奋战的英雄形象,心中就激动不已,头脑中就萌发出宏伟的英雄旋律篇章。直到 1804 年才完成这首不朽的《英雄》交响曲的创作。

贝多芬把《英雄》交响曲称为他最心爱的产儿。

它的完成,标志着贝多芬在创作道路上迈入了一个成熟的阶段。本来,这首交响曲是题献给拿破仑的。他抄了一份漂亮的总谱,上面题着献词《拿破仑·波拿巴大交响曲》。贝多芬为这部巨作花了差不多四年的时间,这部交响乐深刻地表现了他对法国大革命的敬仰和对拿破仑的崇拜,他以希腊神话中的巨人普罗米修斯的形象来刻画这位共和国的英雄。

可是 1804 年,拿破仑自封为法国皇帝的消息传到了维也纳。贝多芬听到这消息之后非常气愤,这使贝多芬感到不能容忍和失望。他在给好友的信中写道:"我曾经误认为拿破仑是伟大的,实际上他也只不过是个凡夫俗子。归根到底,他只不过是个为了谋私利,达到个人欲望,把人民作为他向上爬的垫脚石的男人而已。"写着"拿破仑·波拿巴"的字样的扉页被撕去。同时,他把这部交响曲改名为《英雄交响曲》,为纪念一位伟大的人物而作。

1821年,当拿破仑死在圣赫勒拿岛的时候,贝多芬说:"在17年前,我的音乐预示了这个结局。"他所说的就是他在交响曲写就的第二乐章《葬礼进行曲》,似乎早已清楚地写出了拿破仑的死了。表明了他爱憎分明的立场和倾向。

《第三英雄交响曲》中,贝多芬用新的形式和音乐思想的概括力量,着重表现了英雄为争取人类的未来幸福而献出生命的悲剧精神。柴可夫斯基曾赞叹说:"贝多芬在伟大的《第三交响曲》中第一次表现出创造精神的无限惊人力量,他在第一乐章中用新的形式和音乐的思想概括力量,激起了同时代人的惊讶。"

谈到贝多芬的英雄主义气概,不能不使人想到《第五交响曲》,它又称"命运"交响曲。

这部作品早在1804年,贝多芬在创作《第三交响曲》时就开始构思了,但是直到1808年才最后完成。

《第五交响曲》是贝多芬的思想观点和艺术风格的代表性作品之一。

《第五交响曲》充满了英雄主义的精神,反映了"通过斗争,取得胜利"这样一个主旨,与《第三英雄交响曲》所不同的是,英雄主义是和人民群众紧密相连的。《第三交响曲》歌颂的是个别的英雄,而《第五交响曲》所歌颂的是广大人民以及人民的斗争和胜利。

为了体现这部交响曲内容的重大意义和深度,贝多芬采用了很多新的手法。特别是在交响曲创作的形式上,贝多芬完成了一次伟大的革新。他使交响曲的结构服从于一个主题思想,使某个乐章中的对比和展开都严格地符合中心主题思想发展的要求,展开部分不仅仅再是一种装饰和铺垫。同时,贝多芬还加强了各个乐章之间的联系,使整个交响曲成为体现一个中心思想的统一整体。他表现出的具有革命性的辩证观点,

其思想和意义已经远远地超过了贝多芬所处的时代,表现了一种为全人类的自由与幸福而奋斗的博大胸怀。

◉ 大自然的颂歌

贝多芬是一位进步的民主主义者,同时也是一位伟大的现实主义者,他热爱人民,热爱生活,也十分热爱大自然。他常常独自一人出去散步,当他来到安静的树林里、茂密的草地上和小河边时,他的心情是非常愉快的。在这里,他可以跟花草树木悄悄对话。

所以,在他的创作中,体现了他对生活的多方面的感受。既有表现出为人类的自由幸福而斗争,通过斗争获得胜利的光辉思想,同时还有表现祖国大自然美丽的景色、恬静的乡村生活和人民节日欢乐的景象。

在《第六交响曲》中,贝多芬向我们更多地展示出一种音乐上的返璞归真和自然韵律,反映了另一个新的主题,即"英雄与大自然"。众所周知,贝多芬酷爱大自然,他每天都要去散步,

在维也纳郊外的田野上，有许多美丽的林间小路上都留下了他的身影，在大自然绚丽景色的陶冶下，他把对花草树木和田园风光的深厚的热爱之情，都毫无保留地反映在他的这部作品中。

贝多芬曾经对他的朋友辛特勒说过："周围树上的金翅鸟、鹌鸟、夜莺和杜鹃是和我在一块儿作曲的。没有谁会比我更热爱田野的了。"可以说，贝多芬的《第六田园交响曲》就是在大自然一幅幅栩栩如生的风景画中孕育出来的。

它不仅是一幅表面的图画，而且借自然之景来抒发心中的情感，表现了人的精神世界和人对生活现象与自然现象的感受。同时，还体现出英雄以哲学的观点理解大自然以及大自然对人的思想感情所起的影响作用。实际上贝多芬关心的是表现情感，而非描写景物。

如果把《命运交响曲》和《田园交响曲》这两部作品，做一个比较，我们就会清楚地看出这正好表现了贝多芬两种截然不同的心态：前者是激烈的，雄伟的；后者是安详的，宁静的。不同的作品，一方面表现出贝多芬勇于同命运搏斗，决不向命运屈服的勇敢战斗的精神；另一方面，也表现出贝多芬赞美大自然，热爱生活的精神。所以说，《第六田园交响曲》是一部反映乡村田园生活风貌及其风情场景的作品。

◎ 团结友爱的《欢乐颂》

在创作了《命运交响曲》和《田园交响曲》之后,贝多芬的创作欲望仍然十分旺盛,接连不断地创作出许多优秀的新作品。他的《第九交响曲》就是后来在他的全部作品中占有特别突出地位的一部巨著。

1815 年维也纳会议之后,奥地利的反动统治阶级对人民进行血腥镇压,在这种恶劣的政治局面和黑暗艰难的日子里,日渐衰老的贝多芬并没有向黑暗势力屈服,仍然忠于革命的信念。

他常常公开地抨击残暴的统治政权,他讽刺贵族们说:"比我们的大人物更渺小的人是没有的了,他们是宫廷的奴隶,而又要做人民的主人。"他相信通过斗争一定会得到自由和幸福的,反动的黑暗统治时期并没有使他丧失信心,他始终以自己的音乐作为争取自由平等和博爱的号召。因此,在他的《第九交响曲》中,他最后一次又回到英雄斗争的主题上来。

而且,为了使听众能够更明确理解这部交响曲的思想内容,他在最后的一个乐章中用人声来歌唱席勒的《欢乐颂》中的一部分诗句。引导听众通过阴暗和绝望、痛苦和沉思、冲突和斗争的对比,逐渐为走向全人类的自由和解放、团结和友爱、胜利和欢乐而奋斗。

贝多芬之所以采用席勒的《欢乐颂》作为他创作的素材和根基,这与他的思想倾向有很大的关系。

《第九交响曲》是贝多芬创作生活的总结，是前八部交响曲、特别是《英雄交响曲》和《命运交响曲》中英雄思想的继续和发展。他在这部巨著中充分表现出他自己所说过的"我的艺术只应该为穷苦的人民服务"的全人类团结友爱的理想，表现出人民对和平自由的渴望。可以说，《第九交响曲》集中地体现了他创作的思想境界、革命热情和艺术理想。

◉ 孤独的晚年

从 1815 年到 1827 年，这段时期可以说是贝多芬的最后时期。他的众多的优秀作品已经在众人面前亮相，为人们所理解、赞颂。在维也纳的音乐界已占据了举足轻重、难以动摇的地位，没有一个人是能和他来比高低的，许多的作曲家、演奏家们只能处在抬头仰望的境况。

贝多芬富于幻想性、即兴式的演奏和深刻伟大的创作，到处为人们议论和传颂，成为人们心中的"天才作曲家"。

贝多芬也从不把同行的嫉妒或冷言冷语放在心上，只管自己毅然地迈向前进的道路，他甚至毫不理睬那些无法和他比拟的所谓评论家们的批评和攻击。他自己认为他本人就是自己作品的最高裁判员。

从 1814 年，贝多芬的许多朋友和保护人相继死亡，有些还逐渐分离，甚至和他童年的朋友布鲁宁夫人的儿子斯丹芬·洪·布鲁宁也失和，各奔东西了。

从此他孤独了。贝多芬在 1816 年的笔记本上写道："没有朋友，孤零零地在世界上。"耳朵也完全聋了……

此外，从 1815 年，贝多芬一生中最严重的危机出现了。

年已 45 岁的贝多芬仍孑然一身,膝下无子。他有两个弟弟,一个叫约翰,一个叫卡尔。贝多芬和卡尔关系比较密切,经常在生活上照顾他。弟弟卡尔在贝多芬 45 岁时患上了肺病,卡尔知道自己可能不久就要告别人世,就把贝多芬请来,躺在病床上再三诚恳地求道:"哥哥,多少年来你一直帮助我,我非常感谢你。在这生命的最后时刻,我求你一件事,那就是我的儿子小卡尔的事情,请你一定多关心照顾他吧,他才只有 9 岁。"贝多芬慷慨地答应了弟弟的请求,并一直守候在弟弟的病榻前,直到弟弟咽下了最后一口气。但在弟弟过世后矛盾和纠纷却一直在贝多芬身边萦绕。

对于音乐家来说,有一个敏锐的听觉那就如同多长了一副脑筋。然而,贝多芬在 27 岁时就患上了耳疾,而且,自从耳朵有了毛病以后就再也没有好转过。

30 岁以后,他的耳病越来越严重,他变得孤僻,与世隔绝,痛苦至极,每天都在忧郁中度过,他一度绝望了,想到了死。曾想:"作为一个音乐家,没有了听觉也就失去了生存的意义。"他在满脑子的"死亡"念头之中给他的弟弟写下了遗书。在这封遗书中,写下了他自己作为一个音乐家丧失了听觉之后的苦恼与忧愁。这封遗书一直保存至今。

但是,贝多芬并没有死,对他来说用死去解脱耳聋的痛苦显得太软弱无能了,鼓励他能坚强活下去的,就是他心灵中要创作出更美更好的音乐奉献给全人类的愿望。他打消了自绝的念头。

　　然而贝多芬已经看到耳聋带给他的悲剧性的生活，他曾说道："活着是一件很美的事情，不过对我来说，要活下去却是前途充满了荆棘。"虽然贝多芬勇敢面对了耳聋这一痛苦现实，但是他创作的《第三英雄交响曲》、歌剧《费德里奥》以及钢琴奏鸣曲《暴风雨》，却充分表达了他那最悲痛的心境。

　　他的耳聋病一天天、一年年地在加重，而且随着耳聋，他的人也变得越来越狐疑。开始，他使用助听器还能听见人们的说话声，后来，无论用怎样的助听器也听不见了。到 45 岁以后，耳朵完全丧失了听力，任何助听器也无济于事。从那以后，贝多芬便用笔记本来和别人交谈，代替那失去听力的耳朵，无论他走在哪里，在路上或在家里，他总是默默地把笔记本递到别人面前，如果别人想要和他谈话，就把谈话的内容简要地写在笔记本上。因此，贝多芬的"谈话簿"就被后来研究贝多芬的学者们视若珍宝。

　　随着耳聋的恶化，往日他那非凡的钢琴演奏技巧已大不如前了，以前从没有人能比得过他的快速流畅的弹奏。给当时著名的小提琴家兼作曲家路德维·斯博的印象是："说老实话，若真正站在艺术家的立场来说，缺点非常多。第一是钢琴的旋律线条，非常不连贯。第二点是这位曾经风靡整个欧洲的大艺  术家，由于耳聋的缘故，演奏技术实在是一无是处。遇到强音，触键过猛，甚至有时弹到邻键的地步。遇到弱音，就不知道他弹的是什么了。"显然，耳聋所带来的真是巨大的不幸，何况像贝多芬那样的大音乐家，心中的忧郁和痛苦不知有多深。

　　尽管贝多芬在钢琴演奏上遇到了障碍，可是他对自己精心创作的作品,还是想抱有解释的权力,他强烈地要求指挥管弦乐队来倾心发挥乐队所能达到他所需要的演奏效果,他的指挥姿势独特,以致演奏的乐师们要特别留意他的拍点。他脸上的表情,充满了对自己所创作的音乐的自信,从不放过诠释每一小节的机会。

他的全部精力都投入到他的音乐活动之中,然而,听觉的衰退往往是事与愿违。在指挥演奏中常常会发生混乱的场面。当时的乐长伊格纳兹·凡·柴夫利对贝多芬的指挥情形描述如下:"当他把指挥棒向上挥起时,往往乐队已经进行到弱拍了。甚至有时在演奏宁静缓慢的乐章时,他突然做出强音的动作,弄得大家都莫名其妙。"

1822 年 12 月 3 日,为了庆祝约瑟夫城剧院重新开张,贝多芬亲自指挥演奏他创作的序曲《献给剧院》,由于乐队的演奏员是临时拼凑的,分谱直到演奏前才拿到,练习也不充分,因此,当天的演奏出现了极大的混乱,主要原因就是因贝多芬耳聋所引起指挥动作的滞缓、犹豫所造成。

在排演他创作的歌剧《费德里奥》时,女高音歌手曾回忆说:"练习的时候,我发现这位大音乐家已经和外界有了隔阂,他以不安定的眼神,使劲地挥舞着指挥棒,虽然他站在乐队的正中央,可是他什么也听不见,使歌手和乐队之间大为混乱,没有一个人弄得清楚他指挥到什么地方了。"

由于前后出现过两次大混乱,以至不得不中断了练习。当时辛特勒(贝多芬的好朋友)半哄着他,好不容易才把这位大师带回了家。结果贝多芬整个晚上都一言不发,陷入了失望与气馁之中。

最令人惋惜和同情的是贝多芬在指挥他的著名的《第九

交响乐》时所发生的一件事。1824 年 5 月 7 日,《第九交响乐》初演时,他跟着实际担任指挥的温劳夫并肩站着,偶尔做指挥动作,他面前的谱架上放着总谱。看上去好像他随着乐曲的进行来阅读谱子。但实际上,他是在随着弦乐器的弓法来猜测乐曲的进度的,他什么也听不见。

待到他指挥的时候,就像中了魔一样,一会儿高举双手,一会儿俯身,好像独自一人演奏所有的乐器,也好像一人充当合唱团的全体歌手。他的指挥形象显得有点神经质和滑稽,当时大家都了解贝多芬的性格,知道他自己完全沉浸在优美的音乐之中。因此,无论是乐师还是合唱团的歌手甚至听众,都被他的这种行为所感动,没有一个人觉得好笑。

当然,乐队的全体乐师以及合唱团歌手,仍然按照温劳夫的指挥来演奏演唱。当每一乐章演奏结束时,站在温劳夫旁边的贝多芬,由于过度地兴奋激动,完全没有注意到听众欢声雷动的喝彩声,仍然忘我地背对观众呆站在那儿,实际上他什么也听不见。一到这个时候,旁人不得不一再提醒他向观众的掌声致谢。

当《第九交响曲》的末乐章“欢乐颂”合唱完毕后,整个剧场都欢腾起来,听众中四次发出暴风雨般的掌声。当第五次鼓掌喝彩时,维持秩序的警察则大喊安静。

因为按照规定,皇族成员出场时只三次鼓掌礼,而演员与歌唱家出场只用鼓掌一次即可。

然而,观众竟向贝多芬鼓了五次掌。可是,贝多芬由于面向乐队,竟然对观众雷鸣般的掌声一无所知,呆然地背对观众站着。站在前排目睹这一情景的一位女低音独唱演员,实在看不下去,拉着他的手,转动他的肩膀,让他面对热烈喝彩的听众,贝多芬这才发现听众们为他热烈地鼓掌,他赶忙惊讶地向听众敬礼,以示感谢。

当全场听众知道贝多芬是因为耳聋而没有反应时,就更加热烈地一次又一次地为他鼓掌欢呼。

《第九交响曲》的初演获得了极大的成功。然而,贝多芬的纯收入与听众狂热的激动情绪恰恰形成反比。

他只得到非常少的钱额,入不敷出。贝多芬失望了,变得愤世嫉俗,慢慢地发泄他的怒气。

但是他很快就消怒了,他脑子里想着要再次举办这场音乐会,他非常需要他的朋友来帮忙协助他促成此事。

然而由于他的发怒,得罪了他的不少好友,再次举办音乐会的计划拖了很久。

同时,为了保证音乐会得到固定收入,贝多芬要求必须得到 500 块钱,不管售票处的结算如何,都得照付。

直到 1824 年的 5 月 23 日下午,第二场音乐会终于在大舞厅举行了。演出曲目做了一些变动,预期的效果远未达到,许多人对昂贵的票价望而生畏,没有客满也就没有赢利,结算的结果可以说是灾难性的,演出商为组织这场音乐会亏损了 800 多块钱。

本来《第九交响曲》是以歌颂欢乐、和睦相爱为主题思想的赞歌。可是,弥漫在作曲家面前的却是一片灰暗的情景和残酷的现实。

第二场音乐会之后,贝多芬已筋疲力尽,几天之后,他便离开维也纳去了乡下。

万能的上帝似乎也无法再继续挽留这个维也纳人民曾经喜爱过的音乐家了。

1825 年的秋天,贝多芬住在舒怀兹班给公寓的二楼,这也是他在维也纳的最后一处住所。年老体弱的贝多芬作为侄子卡尔的监护人,不得不和这个孩子进行一些语言上的较量——缺少仁爱之心且又任性的卡尔实在无法让贝多芬安心养病。

1826 年的 12 月,贝多芬再也没有从病榻上康复过来,他常在半夜时分,感到阵阵发冷,剧烈的咳嗽使他口干舌燥,胸部刺痛。发烧时,他喝一些冰冷的水。12 月的天气,朔风刺骨,潮湿寒冷,贝多芬疲病交加,心力交瘁,盼望着病情能够好转。最早,贝多芬患的是腹膜炎,他常感到肠胃气胀,腹部肌肉紧张同时还伴有刺痛,后来逐渐发展成为腹水肿。由于腹水,必须得做穿刺手术,不得不用针管从腹部抽出水以减轻暂时的疼痛。这样的穿刺手术一共有 4 次。

一次他忍着疼痛抽完腹水精神稍微好转后还乐观地说:"抽肚子里的水蛮好,但愿别把墨水抽干。"

令人十分惊奇的是,只要他的疼痛减轻了一些,他马上就会投入到工作中去,他在病床上还做了许多事:1826 年 11 月 27 日,他的《第九交响曲》在柏林演出,受到了热烈的欢迎,这使他为之精神振奋;12 月中旬,他还收到了一件珍贵的礼物,这就是阿诺特博士所编撰的 49 卷精装本《亨德尔作品集》;同时,伦敦交响乐协会听到贝多芬患病的消息后,捐赠了 100 英镑,贝多芬为此口授了一份感谢信。

他躺在床上,感到自己还有许多事情未完成,对自己的身体现状抱怨不已。

　　然而他的许多朋友都十分关心他的病情,他们围在他的病床旁,和他谈音乐会、谈戏剧、谈论天气以及各人的情况,这给了贝多芬极大的安慰,唤起了他和疾病作斗争的勇气。

　　直到 1827 年 3 月 26 日去世,他和这折磨人的疾病持续斗争了 4 个多月。

　　1827 年 3 月,暴风雨下了几天几夜,在贝多芬的寓所里,他躺在床上奄奄一息,几乎已到了病入膏肓的地步。他那双以往炯炯有神的双眼,现在则无力地闭着,他的两颊没有一点血色,很久没有修面的脸,胡子拉碴,再加上凌乱花白的头发,这副病容每个人见了都感到非常难过。

　　当他安详地睡过一觉之后,发现有朋友来探望他,他就会突然睁大眼睛,以热情的眼神投向朋友们,不禁令人想起他昔日的笑容。

　　贝多芬的一位老朋友胡梅尔来看望他,他还与胡梅尔开玩笑。胡梅尔曾经是莫扎特的学生,在魏玛乐队任指挥,当时作为杰出的钢琴家和卓有成就的作曲家备受称颂。他和贝多芬在维也纳早就认识了,他们一生的友谊自始至终是很完满真诚的。

　　胡梅尔的妻子也给贝多芬留下了深刻的印象。尽管他躺在床上,疼痛难忍,但见到老朋友时还很活跃,话也较多。

　　他说:"你是一个幸福的人,有一个服侍你而且又深深爱你的妻子。而我只是一个可怜鬼。"胡梅尔知道贝多芬一生未婚,而且又十分坎坷。听到他说这番话后,心里难受极了。重重地叹了一口气,悄悄地走到别处为朋友贝多芬的处境落泪。

　　然而,死神还是慢慢地逼近了。贝多芬的朋友们把一张接受临终忏悔的纸条递给了贝多芬。

当时的贝多芬以从未有过的严肃认真的态度，把纸条上的字慢慢地、一字一字地念完，他脸上的表情既不惊异，也不恐慌，仿佛一个人已经到了极乐世界那样，平静而从容。

他对朋友们说"去请神父来吧"，然后若有所思地沉静下来，以笑容回报大家后，就默默地祈祷。

在接受了临终忏悔后，他对神父说："谢谢你，神父先生，你已使我感到安慰与平静了。"

1827 年 3 月 26 日下午 3 点钟，这是一个难得的好天气，地下的雪已经融化了许多，春天的脚步已经接近。可是，到了黄昏时分，天空中突然涌来了一片乌云，笼罩了整个上空，使得整个房间如同黑夜，几乎伸手不见五指。外面，大雨夹杂着雪花，天空中电闪雷鸣，划破了黑暗的沉寂。这仿佛是大自然正在上演一场乐坛伟人永别人世间的戏剧性场面。

正好在 5 点 30 分，似乎有一个响雷在倾盆大雨中落在贝多芬的房子附近，一道闪电照亮了整个房间，就在那一刹那，贝多芬睁开了双眼，右手握拳高举着，瞪视了空中有数秒之久。

当时他那严肃的眼神，仿佛是在说："神啊，请你陪伴我吧。"也像一位大军统帅在说："朋友呀，跟着我走，胜利一定是我们的。"尔后，他平静地放下高举的手，在大风雨中，咽下了最后一口气。

1827 年 3 月 29 日下午 3 点，春风微拂，和煦的阳光扑面而来。维也纳举行了一场盛大的葬礼，参加葬礼的人有两万多。

一位伟大的艺术家，结束了他那历经沧桑的一生，他的言谈举止，莫不都是为了艺术，他是高贵的音乐艺术的继承人，他的离去让世人潸然泪下！

第七章

音乐使者莫扎特

◉ 音乐天才

1756 年 1 月 27 日，伟大的音乐家沃尔夫冈·阿梅丢斯·莫扎特诞生在奥地利一个名叫萨尔茨堡的幽美小山城里。

莫扎特的父亲利奥波德·莫扎特是位知名的音乐家，时任萨尔茨堡的宫廷作曲家。就在小莫扎特出生的这年，他还出版了一本关于小提琴演奏的畅销书——《小提琴演奏法》，因此使他名扬天下。这种演奏方法，后人沿用了相当长的时间。

莫扎特的母亲也出身于音乐世家，有着良好的音乐素养。她聪明、善良、温柔、宽厚，这些无一不让利奥波德动心。小莫扎特虽说是他们的第七个孩子，但前六个孩子中却只活下来一个女孩，小名叫南内尔，南内尔比莫扎特大 5 岁，是个音乐天分极高的女孩，当她 5 岁时，父亲便开始教她键盘乐器，并且进步很快。

父亲和家人的一切音乐活动，深深地触动了莫扎特幼小

的心灵，他经常自己坐上琴凳，开始弹琴，而且一坐就是好几个小时。很快父亲便以一位艺术家敏锐的洞察力发现了小莫扎特的音乐天赋，于是又开始培养儿子学习音乐。小莫扎特进步神速，5岁时，他便弹得一手好钢琴了，而且还无师自通地学习了演奏小提琴。

一天下午，父亲带着一个小提琴家和一个吹小号的朋友来家中，预备练习一部弦乐四重奏。小莫扎特非常感兴趣地挟着他的儿童用小提琴，申请担任其中一个声部的演奏。结果遭到了父亲的呵斥，小莫扎特哭了，要知道父亲从来没有教莫扎特拉过小提琴。

父亲的朋友过意不去，替他求情应允让莫扎特担任第二小提琴声部的演奏，保证不会干扰他们的排练。小莫扎特也执意要试一试，父亲勉强同意，并且警告小莫扎特不许拉出声，否则的话，就会将他赶出去。

结果是令人惊异的，当小莫扎特的琴声响起来的时候，吹小号的乐师慢慢地停止了吹奏，流露着惊讶和赞叹的目光。从没有正规学习过小提琴演奏的小莫扎特，居然把这个声部非常完整地拉了下来，这让包括他父亲在内的所有的人都大吃一惊！紧接着，小莫扎特又申请担任第一小提琴声部的演奏，要知道这一声部的难度可加大了不少。尽管有些地方拉错了，有些地方技巧显得不够娴熟，但却没有出现拉不下去的情况。小莫扎特所表现出的非凡的演奏能力，让在场的所有人都被他的音乐天赋所折服。

其实，早在父亲不留意的时候，小莫扎特就已经勤学苦练了小提琴。天赋加上勤奋，自然让莫扎特在这次弦乐四重奏中表现出色。就这样，莫扎特的小提琴演奏水平越来越高，而他也深深爱上了小提琴这件美妙的乐器。

莫扎特不仅对音乐有着特殊的感悟力，而且有着异于常人的听力和记忆力。只要是他拉过的乐器，他就能辨别出这种乐器的音高。他不仅善于演奏，还写出了一首钢琴协奏曲。

起初，父亲还嘲笑他那幼稚的涂鸦，有一天，小莫扎特伏案写作。

父亲问："你在做什么？"

"我在写羽管键琴协奏曲，第一部分就要完成了。"

半信半疑的父亲细看了纸上涂写的东西……果然没错。当父亲开始注意到乐谱真正的内容时，从眼里流露出由衷的赞赏。因为作品十分艰深，没有人有能力演奏。当时在小莫扎特的想法里，任何协奏曲都是要经过长时间练习才能演奏的，而且演奏协奏曲就好像是在创造奇迹。他那天才的略带稚气的大眼睛仿佛在告诉人们，我生来就是一个音乐家。

◉ 生命之旅

就音乐方面而言,莫扎特身上集中了可能有的最优越的先天条件,他具有很高的音乐天赋。

利奥波德对莫扎特和南内尔在音乐上所表现出的天分而感到震惊,他看到了他们罕见的音乐天才。

如此的天赋不可能被埋没。为了让世界认识他们,最好的方法就是旅行。

1762 年 1 月,就在莫扎特 6 岁,而南内尔 11 岁的时候,利奥波德决定带着这两个孩子做一次短暂的巡回表演。他们选中的第一站是德国的音乐城市慕尼黑,因为在当时,音乐家必须完全仰赖权贵的支持,外来的音乐家要在一个城市演出之前,一定要先受到当地选帝侯(顾名思义,选帝侯就是皇帝的候选人)的邀请为宫廷举行一场音乐会。

如果在这里一炮打响,引起轰动,才会受到其他贵族的重视和青睐。而利奥波德恰好有所需的介绍信,于是音乐会便顺利地安排好了。

在音乐会上,小莫扎特的表演非常精彩,人们立刻为他的魅力所倾倒。是的,一个神童。他被要求作各种不同的表演:他视谱演奏了宫廷作曲家一首难度极高的协奏曲,即使在所定主题之外的即兴演奏也同样出色。他还应选帝侯之邀用一个手指演奏复杂的曲子,又在蒙着一块布的键盘上弹奏。小音乐家的卓越才华让选帝侯震惊,他赞扬了莫扎特,并赐给他不少宫中的礼物。

这场音乐会取得了空前的成功。莫扎特一家成为人们谈论的焦点。很快,当地达官显贵纷纷邀请莫扎特一家登门献艺。利奥波德做梦也没有想到自己策划的旅行演出会得到如此的成功。

就在莫扎特一家到达维也纳时,神童的美名早已传遍全城。他们一到维也纳,名门望族的邀请信就纷沓而至。他们首先在一个私人宫邸进行了第一场表演,演出非常成功。

第二天,弗朗西斯皇帝和玛丽亚·特蕾莎皇后便马上召唤他们姐弟俩到皇宫,为他们举行音乐会。同样,这次演出又非常成功。皇后特地召见莫扎特一家,让他坐在自己的膝盖上,两手环绕着她的脖子,结结实实地亲了他一下。

皇后也从心底里喜欢这个才华横溢的小男孩,为了表示赞赏,皇室赐给了莫扎特一件浅紫色的华服和100金币。利奥波德兴奋不已,专门请来了画师为孩子们画像留念。

各种音乐会、招待会、邀请会应接不暇。在数不清的演出中,莫扎特已成为维也纳上空一颗耀眼的"明星"。维也纳著名作曲家、宫廷音乐教师瓦根西尔写了一首钢琴协奏曲。当这首乐谱第一次摆在莫扎特面前时,他便娴熟而准确地演奏了这首难度极大的钢琴协奏曲,不见拘谨与怯意。这使坐在旁边的瓦根西尔感到无比惊异。

紧张而频繁的演出把莫扎特和南内尔弄得精疲力竭。来维也纳两个星期,小莫扎特就病倒了,不得不取消若干活动。

但他很快又康复了。

然而在这段时间里，一直在寻找新鲜刺激的王公贵族便对这位神童失去了兴趣。演奏会邀请函急剧减少，使利奥波德一气之下返回了故乡萨尔茨堡。

莫扎特一回家又生病了，患的是风湿症，浑身关节异常疼痛。他在床上躺了足足一个月才恢复健康。

维也纳之旅虽然并不愉快，但也带来了另一个好的结果，有人邀请莫扎特一家前往巴黎及凡尔赛。

1763 年 6 月，莫扎特一家又出门旅行，这次长达 3 年，走遍了欧洲各地，最终目的地是巴黎的旅程。当时，萨尔茨堡的大主教史拉顿巴赫为利奥波德提供了留职留薪的优厚待遇，这在当时的奥地利已成为一项惯例，因为人们认为音乐家就应该到处旅行。

莫扎特一家在经过慕尼黑、曼海姆、奥格斯堡、海德堡、法兰克福等众多德国城市后，于 1763 年 11 月 18 日终于来到了巴黎。

然而他们在巴黎的音乐会并没有预料中的成功。利奥波德渐渐明白巴黎也同其他地方一样，要想受到人们的推崇，必先得到国王的邀请。于是，在 12 月底，莫扎特一家前往宏伟壮丽的凡尔赛宫。

1764 年 1 月 1 日，莫扎特一家受邀与国王路易十五共进新年"盛宴"。国王对莫扎特和南内尔的非常礼遇完全出乎法国那些高傲贵族的意料，因此，当他们再度返回巴黎演出时,所有的欢迎之门都为他们敞开。他们的音乐演奏会不仅赚了一笔大钱,而且莫扎特的作品也首次出版,包括四首为键盘乐器和小提琴所写的奏鸣曲。

轰轰烈烈的巴黎之行结束后,莫扎特一家便前往伦敦。在伦敦,莫扎特一家非常顺利,他们很快受到了热爱音乐的乔治三世和夏绿蒂皇后的召见。紧接着,金币和赞赏如潮水般涌来,然而奇怪的是,莫扎特从未因此而变得虚荣和傲慢。

在伦敦,莫扎特有幸听到了真正出色的意大利歌剧团的演出,接触了德国著名作曲家亨德尔的神剧。他还认识了"伦敦的巴赫"——约翰·克里斯蒂安·巴赫,伟大的音乐家塞巴斯蒂安·巴赫最小的儿子。这位 29 岁的大音乐家传授给了莫扎特很多音乐方面的知识。从此,"伦敦巴赫"对莫扎特早期的作品产生了很大的影响。

莫扎特一家在伦敦待了近一年后,于 1765 年 7 月离开了这座令他们怀念的城市,踏上了下一个里程。这一次,他们来到了荷兰。在荷兰海牙举行了多场音乐会后,莫扎特和南内尔又病倒了。他们病得很重,差一点死掉。所幸的是,姐弟俩在精心医治和调养之下慢慢恢复过来。

不久,莫扎特一家又上路了。他们在日内瓦和洛桑等许多城市公演后,在 1766 年 11 月 30 日,莫扎特一家回到萨尔茨堡家中,结束了他们相当艰辛而成功的岁月。时年,10 岁的莫扎特已闻名于全世界。

回到萨尔茨堡后,莫扎特全心研究音乐,他写下一些奏鸣曲、咏叹调、一部轻歌剧和一些教会音乐。9 个月过去了,利奥波德再次带他们姐弟俩前往维也纳。然而不幸的是,维也纳当时正流行天花。利奥波德虽然很快将姐弟俩带离维也纳,但莫扎特还是染上了天花。他病得很重,幸好有位好医生来医治,莫扎特才侥幸活了下来。

1768 年,当莫扎特再度回到维也纳,皇室还记得他 6 前年的拜访,对他极为友好。皇帝约瑟夫二世建议莫扎特写一部意大利歌剧。接受委托之后,莫扎特为此耗尽了自己的心血,终于在 7 月份完成。

这部歌剧叫《装痴作傻》,写得非常成功,然而当时却没能在剧院上演,因为那些忌妒他的音乐家们不相信一个 12 岁的小孩能独立完成一部歌剧。他们使出种种伎俩来阻碍这部歌剧的上演。无奈之下,利奥波德只好放弃了这不公平的抗争。还好,莫扎特并没有因此而太过于气馁,他又继续创作了一部小型轻歌剧、两部弥撒曲、一些奏鸣曲和一首交响曲。

1769 年 1 月,一家人愤愤离开维也纳回到了萨尔茨堡。故乡的大主教知道了歌剧的风波,亲自出面安排了《装痴作傻》在萨尔茨堡的公演,完美的结果使小莫扎特得到了安慰。

莫扎特一家在萨尔茨堡待了 11 个月,孩子们希望可以趁此休息一下,然而利奥波德意识到,假如让莫扎特在萨尔茨堡待的时间太长,他就会被世人所遗忘。于是,一个新的旅行演出计划又在利奥波德的头脑中形成了。

1769 年 12 月,莫扎特跟随父亲前往意大利。那时,意大利的每个城市都有自己的歌剧院,它的歌剧、作曲家、歌唱家在全世界都很受欢迎,往往挤占了当地音乐家们的工作。利奥波德认为,假如莫扎特能够在意大利赢得名誉的话,他以后

的道路就更容易走了。父子二人开始了在意大利各大城市的
巡回演出。同往常一样，他们每到一处都会引起当地的轰动。

在波伦亚，莫扎特拜见了马蒂尼，马蒂尼当时 64 岁，不仅
有卓越的作曲才华和数学天赋，而且还是音乐理论的权威人
物。这次邂逅，让莫扎特深受教益。日后，莫扎特进入由马蒂
尼领导下而成名的音乐学院，并破格成为该院的荣誉会员。
当时参加者必须年满 21 岁，而马蒂尼的推荐就成了他的最佳
后盾。

在意大利，莫扎特显
示出了他惊人的记忆力
和创造力。特别是在罗
马，莫扎特和父亲被召到
罗马的西斯廷大教堂为
一些特殊的观众演出，其
中包括教皇克莱门特十
四世。

西斯廷教堂是罗马
16 世纪 20 年代最杰出的建筑。人们除了赞赏它的建筑之
外，更惊叹于那宏伟壮丽的壁画。这些壁画是著名画家米开
朗琪罗以旧约《创世记》为题材，花了 4 年 3 个月的时间，每天
爬到 18 米高的脚手架上，仰着脖子完成的。

莫扎特一家一边欣赏着教堂里一幅幅精美绝伦的壁画，
一边听着教堂里传来的一阵阵悦耳的歌声，这不正是莫扎特
奉若神明、梦寐以求的那首著名的、神圣的经文合唱曲《求主
怜悯歌》吗？此曲是西斯廷教堂的独家财产，不允许任何人抄
录下来。

此时的莫扎特，再也无心去欣赏宏伟的教堂了，而是全神贯注地、凭着自己非凡的记忆力窃记了那首从来秘不外传的《求主怜悯歌》的乐谱。自此，这个"绝密的"从不外传的秘曲就再也不是什么秘密了。

在罗马停留期间，一场惊喜正在等待着莫扎特。1770年6月，教皇克莱门特十四世颁给少年莫扎特一枚金骑士勋章，以表扬他的音乐天分。

对莫扎特来讲，这趟巡回演出的最大成果是熟悉了佛罗伦萨、罗马、那不勒斯、米兰等地各种类型歌唱家的演唱风格，并了解了意大利歌剧的特点。

特别是在米兰，他已经是广受欢迎的作曲家了，他受邀为米兰大歌剧院写歌剧，当他的第一部完整的歌剧《海洋之王——米特里达特》首演时，这座歌剧之乡的人们完全被震撼了，每首咏叹调都获得要求重唱的掌声。首演之后，一共又接连演了20多场。莫扎特终于在这里实现了自己所钟爱的歌剧梦。

意大利之行虽然取得了巨大成功，但令利奥波德唯一感到遗憾的是，宫廷没有给莫扎特一个固定的职位。在当时，音乐家为了生活和继续作曲，非得在宫廷里占个长期而待遇优厚的职位不可，这是他们赚取稳定报酬的唯一方式。多年来，利奥波德之所以带莫扎特四处巡回表演，其目的之一也无非是使莫扎特能得到皇帝的赏识，赐予他一官半职。在种种希望破灭后，莫扎特父子只得回到萨尔茨堡，期望在家乡实现这一愿望。

可偏偏在这时候，一件意想不到的事情发生了。多年来一直宠信他们的恩主，萨尔茨堡的大主教史拉顿巴赫突然去世了。继位者柯罗瑞多是一个严肃而高傲的人，很多人都不喜欢他，莫扎特一家也不例外。

而柯罗瑞多也不喜欢四处活动的莫扎特父子，在他眼里，他们只不过是两个高傲而又自视过高的小人物。莫扎特虽然在外面有很大的名气，也得到了很多赏赐，但在萨尔茨堡，莫扎特一家还是属于社会地位低下的典型的中下阶层。

因此，当莫扎特父子回到萨尔茨堡时，大主教只提供给莫扎特一个薪俸菲薄的小职位。在接下来的日子里，莫扎特开始疯狂地创作，创作了许多嬉戏曲和协奏曲，不过他最终爱的依然是歌剧，他被受命为1775年慕尼黑嘉华年会制作一出新歌剧，这令他兴奋不已。

然而，在萨尔茨堡，莫扎特的处境十分难堪。不愿再做主教奴仆的莫扎特勇敢地向大主教递交了辞呈。莫扎特再也等不及地要离开这个令他极度难堪的城市了。善于利用一切有利形势达到自己目的的利奥波德这时似乎也显得束手无策了。于是，为了摆脱这种困境，莫扎特父子抓住任何可能出国的机会，欣然允诺了一些贵族的要求。

1777年9月，莫扎特在母亲的陪伴下前往慕尼黑。利奥波德坚决反对莫扎特单独前往，他太了解儿子那种散慢凌乱、不切实际又好冲动的性格了。而莫扎特也为不再跟着父亲暗暗高兴，利奥波德狭小的胸襟常常惹怒这位年轻人，相反，热心但却缺乏想象力的母亲往往可以顺从他的随心所欲。

莫扎特和母亲来到了慕尼黑。一到慕尼黑，他便前往宫廷拜见了选帝侯。他将自己的成绩单呈上,尽可能谦卑地请求其任用,但选帝侯说自己目前并不缺乐师,说毕随即离去,留下莫扎特俯首鞠躬的身影。

后来,父亲从萨尔茨堡发信来,命令他即刻就去曼海姆。他听从父亲的话,启程去曼海姆,途中在奥格斯堡停留了一段时间。

在奥格斯堡的短暂停留使莫扎特结识了钢琴制造商斯坦因。莫扎特非常喜欢他制造的管风琴和钢琴,于是他就对斯坦因提议,想弹他制作的那座管风琴。斯坦因起先很疑惑,像莫扎特这样一位伟大的钢琴家,居然愿意在没有明显强、弱音和缺乏音色变化的乐器上演奏。莫扎特似乎也看出了斯坦因的担心,于是便在管风琴上即兴地弹弄起来。当斯坦因听到莫扎特弹得如此美妙时,他惊呆了,也被这位音乐天才彻底征服了。

1777年10月底,莫扎特和母亲又来到了曼海姆。在这里,莫扎特终于呼吸到了快乐的空气。这里的选]帝侯卡纳比希先生是位开明的君主,他奖励各种艺术活动,在他的统治之下,曼海姆成为学术、艺术、特别是音乐的殿堂。

莫扎特在这里的工作每天都安排得满满的。按理说,他应该能得到一份长久的职位,他期待能担任选帝侯子女的家教。可是,日子一天天过去,盼来的是选帝侯放弃了这一念头。

利奥波德来信催促莫扎特离开曼海姆,前往终点站巴黎。但莫扎特在这里实在太愉快了,因为他已恋爱了。他爱上了一位名叫阿洛伊西亚·韦伯的漂亮女孩,虽然她年仅15岁,但已是一名优秀的歌手了。阿洛伊西亚的美妙歌声令年轻的莫扎特为之倾倒,爱上了她,并打算谱写一部适合于她演唱的真正的歌剧。

　　然而阿洛伊西亚的父亲却只是个抄谱员兼宫廷剧院的合唱队队员,他所获得的报酬也少得可怜。所以,对于两个年轻人的交往,利奥波德极力反对,并告诫莫扎特放弃这段毫无意义而又失体面的友谊。无奈之下,莫扎特只得依依不舍地离开了阿洛伊西亚,在父亲的命令下前往巴黎。

　　1778 年 3 月底,莫扎特和母亲抵达巴黎。从一开始,莫扎特就显得冷漠而郁闷。为了能在巴黎谋个好职位,莫扎特带着格列姆先生的介绍信,去拜访了夏博公爵。在一间冰冷的房间里等候了半个小时,公爵夫人才终于露面。礼貌的问候后,她让莫扎特在一架破旧的老式钢琴上演奏,还让所有的听众自顾自作画。

　　这些名人对莫扎特的音乐到底有多少兴趣,他们会为莫扎特安排或推荐称心的职业吗?想想这次的拜访,莫扎特真有些气愤,他憎恨这里的一草一木,他的心依然在曼海姆,经常写长信到韦伯家。

　　莫扎特的母亲也和他一样痛恨巴黎,她不习惯巴黎冷漠而又复杂的生活。每当儿子出外作曲时,她只能孤独地留在室内度过一整天,再加上舟车的劳累以及贫困,她的健康开始逐渐损耗。到了 4 月,她开始生病,然而她拒绝让法国医生为她看病。莫扎特终于在 6 月 24 日为她找到了一名德国医生,但母亲的病已经加重了,几天以后,她开始陷入昏迷。并于

1778 年 7 月 3 日与世长辞。

莫扎特深感痛苦和孤独,他决定离开这个给他带来不幸的地方。在归途中莫扎特绕了个大圈子,在慕尼黑做了停留。他看望了已经由曼海姆搬来的韦伯一家。这一家人已经富了起来,因为阿洛伊西亚已成为首席

女歌手,事业正如日中天。这位冷漠而又富有心机的女孩已不再爱尚在挣扎中的作曲家了。伟大的抱负与美好的爱情幻灭了,沮丧的莫扎特只能回到家乡萨尔茨堡。

莫扎特整趟旅程的完全失败使家里的债务增加了。为了还债,莫扎特不得不重新受雇于他最痛恨和厌恶的人——柯罗瑞多大主教。他担任的依然是先前的职位,每年领取少得可怜的薪俸。

从巴黎回来后,莫扎特与父亲的关系更加紧张了。莫扎特已经 24 岁了,但父亲却仍要控制他的生活。他不能忍受儿子的情绪化和对金钱挥霍无度的生活习性。他知道儿子是个天才,但他希望莫扎特除了音乐之外,在人际关系和经济上也能高人一等。可这偏偏是莫扎特最不善于做的,由于不善理财,他经常身无分文,入不敷出。

在萨尔茨堡的日子,对莫扎特来说犹如在炼狱中煎熬。因此,当他收到慕尼黑选帝侯请他为 1781 年的嘉华年会写一部歌剧的受命时,他简直欣喜若狂。

1780 年 11 月,柯罗瑞多大主教给了他 6 个星期的假让他从事创作《伊多梅奥》,他在 1 月底完成了这部歌剧,它又一次

成功了,莫扎特继续留在慕尼黑享受成功的甜美果实,每天都有人不停地宴请他。当他的假期由 6 个星期延长至 4 个月时,大主教实在忍无可忍,下令莫扎特立即前往维也纳与他会合。

当莫扎特极不情愿地来到维也纳时,他的境遇可想而知,每天他要和一帮仆役一块吃住,几次他和大主教都差点爆发冲突,但莫扎特都忍住了,直到 3 个星期后,莫扎特接到新的委托任务需要继续留在维也纳时,大主教却冷不防地让所有乐师回萨尔茨堡。莫扎特终于无法忍受这种专横,与大主教展开了激烈的争吵。

争吵过后,莫扎特坚决要求辞职,虽然父亲再三阻止,甚至柯罗瑞多的代理人也试图劝说莫扎特回萨尔茨堡,拒绝接受他的辞呈。莫扎特去意已决,这实在惹恼了大主教,结果莫扎特被逐出宫廷,而且站在一旁的阿尔科伯爵竟飞奔过来,在莫扎特的屁股上狠狠地踢了一脚。莫扎特受到了莫大的羞辱。这是发生在 1781 年 6 月 8 日的一幕,从此他与宫廷彻底决裂。

◉ 婚 姻

获得自由的莫扎特留在了维也纳,远离开父亲警惕的目光和大主教的控制。莫扎特搬到了韦伯家寄宿。

此时,阿洛伊西亚已在维也纳任职了,他们一家又从慕尼黑搬到了维也纳。但家境已大不如前了。韦伯先生已去世，没留下分文给他的太太和四个女儿，阿洛伊西亚已远嫁，韦伯一家除了靠房租的收入外，就是靠阿洛伊西亚定期寄的一笔款子度日。

韦伯太太是个颇有心机的女人，她一心一意要把自己的一个女儿嫁给莫扎特。为此，她们对莫扎特照顾得无微不至，而莫扎特也乐在其中。

每天早上，莫扎特都会起得很早，一直沉醉在作曲中，直到思绪被其他什么事情打断，他才会想起梳洗吃饭。而韦伯家一日三餐的时间也配合了莫扎特。

莫扎特在维也纳不时举办一些反应热烈的音乐会。1781年12月24日，应奥皇约瑟夫二世的邀请，同穆西奥·克莱门蒂举行了一场音乐史上的重要竞技。奥皇对莫扎特的表演做了极高的评价。

在这段时间里，奥地利皇帝约瑟夫二世为了迎合人民的愿望，振兴民族艺术，莫扎特又受命了另一部歌剧《后宫诱逃》的创作。这部歌剧是用德语演唱，在当时是一大创举。然而《后宫诱逃》在一年后才得以上演。

在这一年中，莫扎特的生活发生了很大的变化，他和韦伯家的三女儿康斯坦兹订婚了。那一年里，他对她的爱与日俱增，虽然自己也许并没有察觉，可韦伯夫人却了然于心。

当莫扎特将这一切写信告诉了父亲利奥波德时，利奥波德坚决不同意，他认为这段婚姻将会毁掉儿子的前途。而且他深信，莫扎特一定是被陷害了。

然而这一次，莫扎特没有顺从父亲，坚持在1782年8月4日与康斯坦兹成了婚。婚礼在圣斯蒂芬大教堂举行。第二天,他们收到一封信,里面写的是父亲利奥波德对这对新婚夫妇的祝福。

婚后,尽管康斯坦兹不善理财而且不谙家务,但莫扎特依然深深地爱着她。康斯坦兹不是一个坏女人,但嫁给一个精力充沛而又善变的天才也绝非易事。

对莫扎特而言,婚姻并没有给他带来财富和威望,更没有为他营造一个快乐幸福的家庭,但对康斯坦兹来说,又何尝不是有苦难言呢?

为了生计,莫扎特每天工作到凌晨,忙于教课、演出和写作,拖着疲惫的身躯举行长时间、超负荷的音乐演奏会。他的健康受到了损害,他陷入了贫病交加的境地。

但令他痛心而又震惊的是,并非所有的人都愿意听他的乐曲,他贱价出卖自己的作品还不免要常负债。在当时,莫扎特并没有得到应有的评价,然而还是有一个人看出了莫扎特的天赋,他就是约瑟夫·海顿。莫扎特的演奏给这位也许是当时最著名的作曲家留下了深刻的印象。

婚后,莫扎特进入了一个成就辉煌的创作时期。他写了6首弦乐四重奏,献给作曲家约瑟夫·海顿,以感谢多年来对自己的热忱帮助和欣赏。

而就在这时,康斯坦兹生下了他们的第一个孩子,但几个月后孩子便夭折了。

康斯坦兹为莫扎特一共生了6个孩子,只有两个活了下来。康斯坦兹产后总是闹病，需要名贵的药品，需要到温泉去疗养。分娩以前要准备迎接婴儿，接着又往往要准备埋葬，所以当铺成为莫扎特经常光顾的地方，放高利贷的债主似乎成为他唯一的救星。可这不是唯一让莫扎特痛楚的地方。

一批长期养在维也纳宫中的意大利作曲家和音乐家对莫扎特忌妒到了极点，他们到处撒播荒谬的谣言，极尽破坏之能事。当莫扎特被推荐做公主的音乐教师时，他们更是想尽办法要把这一差事从他手中夺走。

在这样悲惨的生活中，莫扎特始终没有停止创作。贫穷、妒忌、倾轧，日常生活中的一切琐事都没能使莫扎特消沉，他又开始着手写新的歌剧。

于是《费加罗的婚礼》、《唐·璜》、《女人心》从他指间缓缓流出。在这些作品中，我们找不到一点他对生活的抱怨，对痛苦的咀嚼和对不公平命运的抗击。有的只是轻松、平和、典雅、单纯和善良。他把所有的苦难都嚼碎化为了一个个柔和的音符，融进那一支支美好的乐曲之中。在莫扎特的心目中，除了音乐，剩下的就是上帝和父亲。他虽然身居维也纳，心中却惦记家乡年迈的父亲。

1783 年，康斯坦兹的身体恢复之后，为了平复丧子之痛，莫扎特与妻子回到了故乡萨尔茨堡，看望久别多时的父亲。这是康斯坦兹第一次与莫扎特的父亲见面，莫扎特把妻子介绍给父亲，以此来弥补父子之间的隔阂。

可父亲不大欢迎他的儿媳，姐姐也失去了往日的热诚，甚至有点冷淡。

这样的境况使莫扎特再也待不下去了，同年 10 月，莫扎特与妻子离开了萨尔茨堡，留下了无尽的哀伤。

这也是莫扎特一生中最后一次返归故里。当马车扬尘而去时,他并不知道,他永远不会再回来了。

归途中路过林茨,莫扎特和妻子在林茨市停留了一段时间,当地的图恩伯爵听说《后宫诱逃》在布拉格大获成功,特意为莫扎特安排了一场音乐会。这当然是再好不过的事了。

由于莫扎特并没有准备,所以他要创作出一首全新的交响曲。

四天后,一部《林茨》交响曲被赶写出来,作品热情迸发、气度宽宏,无疑表露了莫扎特的个性风格。莫扎特的交响曲受到了林茨居民的由衷喜爱。

回到维也纳不久,莫扎特听说姐姐出嫁了,家中只留下了年迈的父亲。

此时,忙碌的莫扎特累倒了,而且情况相当严重,这场病是他有生以来最严重的一次,整整花了一个夏天进行疗养,身体才康复过来。

不久,康斯坦兹又生下一个孩子,这个孩子终于活了下来,取名为卡尔。

独居的利奥波德到维也纳探望莫扎特。1785 年 1 月,利奥波德抵达维也纳,一到当地,马上被自己出了名的儿子推进维也纳音乐世界的旋涡之中。在维也纳,莫扎特成了音乐界最高水准的象征,一时间,他成了没有头衔的贵族,他的钢琴协奏曲就是他音乐天赋的最好证明。

为了欢迎自己的父亲的到来，莫扎特举行了一场室内音乐会。在这次室内音乐会上，莫扎特将父亲介绍给到家中参加音乐会的海顿。

聚会结束后，海顿向利奥波德说到了莫扎特："请上帝作证，并以我的名誉担保，在我所认识的或者听说过的作曲家中间，你的儿子是最出类拔萃的一个。他的曲调高雅，而且在作曲技法上有着精湛的造诣。"

当时的维也纳也给莫扎特提供了一个尽善尽美的音乐氛围。他勤奋地写作、演奏。这个精力充沛的音乐家思如泉涌，把美妙的旋律传送给人们。

这也正是莫扎特一生创作上的黄金时代……

然而，在莫扎特音乐创作的最辉煌时刻，也是他生活最困苦的时期。他不得不靠向朋友借债来维持生计，他总是在希望和焦虑之间徘徊。

为了改变现状，他一次又一次地出去旅行，期待能解决他的所有困难，但是回到维也纳以后，原来烦恼着莫扎特的一些问题更为突出了，经济依然紧张。

此时，由于生活所累，他的健康每况愈下，创作也逐渐减少了。

但莫扎特是个天生的乐观主义者，在困境之中，依然微笑着，甚至是欢笑着写出自己的音乐。当新皇帝要去法兰克福加冕时,莫扎特确信法兰克福将会给他带来好运。于是典当了家中的银器和剩下的家具,自费去了法兰克福,到那里举行了一场音乐会。

在目的地,莫扎特为庆祝利奥波德二世加冕,演奏了一首通俗易懂的钢琴协奏曲,此后它一直被称为《加冕》协奏曲。音乐会跟往常一样赢得了掌声,却没赚到一分钱。

◉ 凄惨的最后时光

身心交瘁的莫扎特回到了维也纳,这时委托莫扎特进行创作的主顾纷至沓来,其中有一项就是歌剧《魔笛》。

1791 年 7 月 26 日,康斯坦兹生下一个儿子,取名为弗朗茨·克萨韦尔·沃尔夫冈。这个婴孩活了下来。这时候,在莫扎特家,更多的是忙乱嘈杂,更少的是工作所需的安静环境。此后不久,又发生了一件事,把莫扎特的工作计划完全打乱了。

约瑟夫皇帝的继承人,1790 年在法兰克福被定为皇帝继承人的利奥波德,将于 1791 年 9 月 6 日加冕为波希米亚国王,布拉格又热情地邀请莫扎特为此次加冕赶写一部歌剧,这可真是忙中再添重任。

然而,对于布拉格方面的要求,莫扎特是不忍心拒绝的。在不到半个月的时间里,他为选自梅塔斯塔西奥的《狄托的仁慈》写了音乐总谱,但这部歌剧并没有给人留下深刻的印象。

莫扎特此时已顾不得《狄托的仁慈》的失败,匆匆地赶回了维也纳,因为还有一大堆的事务正等着他。然而,就在莫扎特的第六个孩子弗朗茨出生的同时,一件不祥的事情发生了。

一天,一个身穿灰衣,脸色阴沉的不速之客来造访莫扎特,为一个无名的主顾向莫扎特定制一首《安魂曲》。

身缠疾病、情绪又不稳定的莫扎特感到一股莫名的不安,但他还是接受了委托。主顾规定了期限,并预付了一笔钱。在他生命的最后几个星期中,他苦思焦虑地从事着《安魂曲》的创作。

到了 11 月,莫扎特的身体已虚弱不堪,时时躺在床上,但他还在为《安魂曲》的写作操心。

他已深深感到自己的死期将至,他不是为别人而是在为自己创作《安魂曲》。

12 月 4 日,莫扎特叫人把谱子拿到床上,勉强写完了《安魂曲》的前两个乐章《安息经》和《慈悲经》,这是安魂曲中最哀婉动人的一段。写到这里,莫扎特突然感到自己不可能写完这部作品了,他抛开谱子痛哭了起来。晚上,莫扎特将自己的学生苏斯迈尔叫到床前,对他讲了写作《安魂曲》的一些想法和创作意图,并嘱托由他完成《安魂曲》的最后三个乐章。

1791 年 12 月 5 日凌晨一时,一代音乐奇才从此离开了人间。他死时只有 35 岁。莫扎特的葬礼简单而寒碜,他被葬在一个没有墓碑的穷人公墓里。

下葬那天,空中飘着鹅毛大雪,只有零落的几个亲友给他送葬,他的妻子也因病重而不能离开床榻,抬棺椁的人好歹将他抬到墓地,草草下葬。人们再也看不见这位天才的身影了。